Theorie des lyrischen Gedichts

Dieter Lamping

Theorie des lyrischen Gedichts
Eine Einführung

J.B. METZLER

Dieter Lamping
Allgemeine und Vergleichende
Literaturwissenschaft
Johannes Gutenberg-Universität
Mainz, Deutschland

ISBN 978-3-662-69470-1   ISBN 978-3-662-69471-8 (eBook)
https://doi.org/10.1007/978-3-662-69471-8

Die Deutsche Nationalbibliothek verzeichnet diese Publikation in der Deutschen Nationalbibliografie; detaillierte bibliografische Daten sind im Internet über https://portal.dnb.de abrufbar.

© Der/die Herausgeber bzw. der/die Autor(en), exklusiv lizenziert an Springer-Verlag GmbH, DE, ein Teil von Springer Nature 2024

Das Werk einschließlich aller seiner Teile ist urheberrechtlich geschützt. Jede Verwertung, die nicht ausdrücklich vom Urheberrechtsgesetz zugelassen ist, bedarf der vorherigen Zustimmung des Verlags. Das gilt insbesondere für Vervielfältigungen, Bearbeitungen, Übersetzungen, Mikroverfilmungen und die Einspeicherung und Verarbeitung in elektronischen Systemen.
Die Wiedergabe von allgemein beschreibenden Bezeichnungen, Marken, Unternehmensnamen etc. in diesem Werk bedeutet nicht, dass diese frei durch jede Person benutzt werden dürfen. Die Berechtigung zur Benutzung unterliegt, auch ohne gesonderten Hinweis hierzu, den Regeln des Markenrechts. Die Rechte des/der jeweiligen Zeicheninhaber*in sind zu beachten.
Der Verlag, die Autor*innen und die Herausgeber*innen gehen davon aus, dass die Angaben und Informationen in diesem Werk zum Zeitpunkt der Veröffentlichung vollständig und korrekt sind. Weder der Verlag noch die Autor*innen oder die Herausgeber*innen übernehmen, ausdrücklich oder implizit, Gewähr für den Inhalt des Werkes, etwaige Fehler oder Äußerungen. Der Verlag bleibt im Hinblick auf geografische Zuordnungen und Gebietsbezeichnungen in veröffentlichten Karten und Institutionsadressen neutral.

Einbandabbildung: Simone Frieling

Planung/Lektorat: Ferdinand Pöhlmann
J.B. Metzler ist ein Imprint der eingetragenen Gesellschaft Springer-Verlag GmbH, DE und ist ein Teil von Springer Nature.
Die Anschrift der Gesellschaft ist: Heidelberger Platz 3, 14197 Berlin, Germany

Wenn Sie dieses Produkt entsorgen, geben Sie das Papier bitte zum Recycling.

Ästhetiker sind seltsame Leute. Sie lieben die Kunst und die Ordnung und bringen deshalb Ordnung in die Kunst.

Erich Kästner

Inhaltsverzeichnis

1	**Voraussetzungen**	1
	Literatur	3
2	**Theorie Des Gedichts**	5
	1 Die Erkennbarkeit von Gedichten	5
	2 Metrum und Rhythmus	6
	3 Das Gedicht als Versrede	8
	4 Form und Gestalt des Gedichts	8
	5 Das Gedicht und seine Sprache	10
	6 Gedichte als Kunstwerke	12
	7 Künstlerische Einfachheit und Komplexität des Gedichts	12
	8 Die Komposition	15
	Literatur	16
3	**Die Bedeutung der Form Im Gedicht**	19
	1 Die Form und ihre Bedeutung	19
	2 Die Semantik der Form	21
	3 Das Gedicht als bedeutungsreiche Rede	22
	Literatur	23
4	**Über das Vergleichen von Gedichten**	25
	1 Die literaturwissenschaftliche Kritik des Vergleichens von Gedichten	25
	2 Die Logik des Vergleichens, auch von Gedichten	27
	3 Die klassische Art des Vergleichs	28
	Literatur	29
5	**Probleme der Lyriktheorien**	31
	1 Die Subjektivitäts-Theorie der Lyrik	31
	2 Additive Theorie	33
	3 Sprachtheorie	33
	4 Formtheorie	35
	5 Konsequenzen	35
	Literatur	36

6	**Theorie des lyrischen Gedichts**	37
	1 Voraussetzungen	37
	2 Einzelrede, Wechselrede, vermittelnde Rede	38
	3 Die Pluralität der Lyrik	39
	4 Die Komplexität der Lyrik	44
	5 Die Komplexität eines lyrischen Gedichts	46
	6 Grenzen und Übergänge	49
	Literatur	54
7	**Einordnung**	57
	1 Neuere Lyrik-Theorien	57
	2 Kritik der Theorie des lyrischen Gedichts	59
	Literatur	60
8	**Verfasser und Sprecher des lyrischen Gedichts**	63
	1 Rede und Sprecher	63
	2 Der Verfasser als Sprecher	64
	3 Der Verfasser als Dichter	66
	4 Der Sprecher und die Sprecher	68
	5 Der Verfasser als Sprecher einer Person	69
	6 Der Verfasser als Sprecher einer Figur	69
	7 Der Sprecher und das Ich	70
	8 Der Verfasser und seine Stimme	72
	Literatur	73
9	**Faktuale und fiktionale Lyrik**	75
	1 Lyrik, Faktualität und Fiktionalität	75
	2 Fiktive Gegenstände	78
	3 Fiktionale Aussagen	79
	4 Fiktive Sprecher	80
	5 Fiktive Sprechsituationen	80
	6 Fazit	82
	Literatur	83
10	**Typen lyrischer Gedichte**	85
	1 Typen der lyrischen Einzelrede	85
	2 Religiöse Lyrik	86
	3 Liebeslyrik	90
	4 Naturlyrik	93
	5 Politische Lyrik	96
	6 Autobiographische Lyrik	99
	7 Pluralität, Individualität und Freiheit	101
	Literatur	102

11	**Funktionen der Lyrik**	105
	1 Schwierigkeiten einer Funktions-Theorie der Lyrik	105
	2 Funktionen des lyrischen Gedichts	106
	3 Das Beispiel Montale	107
	4 Wozu Lyrik, philosophisch	111
	5 Aussichten	114
	Literatur	114
12	**Zusammenfassung: Die Theorie des lyrischen Gedichts**	117
	Literatur	118
13	**Kleine kommentierte Bibliographie**	119
Nachbemerkung		123

Voraussetzungen 1

Über Lyrik zu sprechen scheint schwierig zu sein. Zumindest wird das immer wieder behauptet, auch beklagt, von Lesern wie von Literaturwissenschaftlern (vgl. etwa Kommerell 1943, 7, auch Conrady 1985). Nicht wenige Leser halten lyrische Gedichte für schwer verständlich, ja dunkel und meiden sie deshalb. Für manche Literaturwissenschaftler ist dagegen nicht das Verständnis, sondern die angemessene Bestimmung und Beschreibung der Lyrik ein Problem. Die Gründe dafür liegen auf der Hand.

Die Gattung ist unüberschaubar, durch ihr hohes Alter und die hohe Zahl der Texte, die zu ihr gezählt werden. Die Lyrik ist so alt wie die Literatur, ihre Geschichte erstreckt sich über Jahrtausende. Keiner weiß, wie viele lyrische Texte es gibt, und keiner hat sie alle gelesen. Dass der Blick auf die Gattung, auch der wissenschaftliche, dadurch notwendig unscharf wird, ist ein Problem für ihre Bestimmung.

Auch ihre Beschreibung: die Art des Redens und Schreibens über sie versteht sich nicht von selbst. Das Problem ist nicht neu, es begleitet die Literaturwissenschaft seit ihren Anfängen und ist in dem Unterschied von wissenschaftlicher und literarischer, zumal poetischer Sprache begründet. Die Literaturwissenschaft diskutiert seit längerem insbesondere über die wissenschaftlichen Anforderungen, etwa an Genauigkeit, denen ihre Begrifflichkeit genügen sollte. Nicht selten versucht sie sich allerdings dadurch zu profilieren, dass sie sich einer Sprache bedient, die von der ihres Gegenstandes denkbar weit entfernt ist und den Sinn für sie vermissen lässt.

Angesichts dieser Schwierigkeiten tut jede Theorie tut gut daran, ihre Voraussetzungen darzulegen, die sachlichen und methodischen ebenso wie die sprachlichen. Dabei muss sie zuerst klären, was ihr Gegenstand ist – was genau also gemeint ist, wenn von Lyrik die Rede ist. Einen Konsens darüber gibt es in der Literaturwissenschaft nicht mehr. Die Verkennung dieser Tatsache hat einige Verwirrung und ein gewisses Aneinandervorbeireden zur Folge gehabt.

Der Begriff ‚Lyrik' wird hier als Synonym für ‚lyrisches Gedicht' verstanden, im Anschluss an einen überkommenen Sprachgebrauch, der sich etwa schon bei Hegel findet (vgl. Hegel 1986, etwa 442), in der Lyrik-Forschung aber von manchen neuerdings verlassen wurde. Zu finden ist ein solches Verständnis aber weiterhin, in Poetiken, in Anthologien, in historischen Darstellungen und Geschichten der Gattung, schließlich auch in Sammlungen von Interpretationen. Die Explikation des solchen Werken oft nur implizierten Begriffs von Lyrik ist der erste Schritt zu ihrer Theorie.

Der Methode nach kann die angemessene Begriffsbestimmung einer großen Gattung wie des lyrischen Gedichts nur eine Minimaldefinition sein, die lediglich die Merkmale aufführt, die allen Texten gemeinsam sind, die zur Gattung gerechnet werden. Das lyrische Gedicht wird demzufolge in der Sache lediglich durch ein formales und ein sprachliches Kriterium als „Einzelrede in Versen" bestimmt (vgl. dazu auch im Folgenden Lamping 2000). Der Geltungsbereich dieser Definition ist denkbar groß: Er umfasst Lyrik der Welt von der Antike bis zur Moderne.

Die Begriffsbestimmung beansprucht für sich nicht nur Einfachheit und Allgemeingültigkeit, sondern auch Fruchtbarkeit. Aus ihr ergibt sich nämlich durch die weitere Entfaltung der Kriterien eine Beschreibung der Gattung, die insbesondere der historischen Vielzahl und der typologischen Vielgestaltigkeit der Lyrik gerecht werden kann. Die bloße Definition wird dadurch zur Grundlage einer Theorie, deren Interesse zunächst allgemeinen „formalen und funktionalen Eigenschaften" (Weber 1975, 9) gilt. In der Begrifflichkeit August Wilhelm Schlegels ist sie in erster Linie eine ‚technische' Theorie (vgl. Schlegel 1963, 11), die allerdings gelegentlich um ‚philosophische' Überlegungen ergänzt wird.

Die Theorie des lyrischen Gedichts als Einführung ist einer kommunikativen Literaturwissenschaft verpflichtet, die ihre Erkenntnisse nicht nur bereits wohlinformierten Spezialisten zu vermitteln versucht. Sie ist daher um Verständlichkeit und Transparenz bemüht, versucht, ihre Thesen an Exempeln zu verdeutlichen und wissenschaftlichen Jargon, zumal allzu spezielle oder schwer handhabbare Termini zu vermeiden, die vor allem das theoretische Reden über Lyrik mittlerweile unnötig erschweren. Sie bemüht sich, der Forderung Kants zu genügen, jede Lehre müsse, „wenn der Lehrer nicht selbst in den Verdacht der Dunkelheit seiner Begriffe kommen soll – zur P o p u l a r i t ä t (einer zur allgemeinen Mitteilung hinreichenden Versinnlichung) gebracht werden können" (Kant 1968, 320).

An die Definition des Gedichts und des lyrischen Gedichts schließt sich jeweils die Erörterung einiger Grundfragen an, die in der Forschung zumeist kontrovers diskutiert werden – neben denen: welche Bedeutung die Form beim Verstehen von Verstexten hat und ob man so individuelle Gebilde wie Gedichte vergleichen kann, vor allem die: wer in ihnen spricht, inwiefern Lyrik auch fiktional ist, welche Typen des lyrischen Gedichts sich unterscheiden lassen und welche Funktionen Lyrik erfüllt.

Eine kleine kommentierte Bibliographie beschließt diese Einführung.

Literatur

Karl Otto Conrady: Von Schwierigkeiten, über Gedichte zu reden. In: Jutta Kolkenbrock-Netz u. a. (Hg.): Wege der Literaturwissenschaft. Bonn 1985, S. 26–44.
Georg Wilhelm Friedrich Hegel: Werke in 20 Bänden. Auf der Grundlage der Werke von 1832–1845 neu edierte Ausgabe. Redaktion Eva Moldenhauer und Karl Markus Michel. Band 15: Vorlesungen über die Ästhetik 3. Frankfurt a. M. 1986.
Immanuel Kant: Werke in zwölf Bänden. Hg. von Wilhelm Weischedel. Band VIII: Schriften zur Ethik und Religionsphilosophie 2. Frankfurt a. M. 1968.
Max Kommerell: Gedanken über Gedichte. Frankfurt a. M. 1943
Dieter Lamping: Das lyrische Gedicht. Definitionen zu Theorie und Geschichte der Gattung. Göttingen 3. Aufl. 2000.
August Wilhelm Schlegel: Die Kunstlehre. Hg. von Edgar Lohner. Stuttgart 1963.
Dietrich Weber: Theorie der analytischen Erzählung. München 1975.

Theorie des Gedichts 2

Inhaltsverzeichnis

1 Die Erkennbarkeit von Gedichten   5
2 Metrum und Rhythmus   6
3 Das Gedicht als Versrede   8
4 Form und Gestalt des Gedichts   8
5 Das Gedicht und seine Sprache 10
6 Gedichte als Kunstwerke 12
7 Künstlerische Einfachheit und Komplexität des Gedichts 12
8 Die Komposition 15
Literatur 16

1   Die Erkennbarkeit von Gedichten

Ein geübter Leser erkennt ein Gedicht ohne große Mühe. Es bedarf dazu meist nicht viel. Ein Gedicht, so viel weiß er, besteht aus Versen. Bei Sätzen wie

> Wer reitet so spät durch Nacht und Wind?
> Es ist der Vater mit seinem Kind;
> (Goethe 1982, I, 154)

kann man hören, dass sie Verse sind. Dazu genügen der einigermaßen regelmäßige Wechsel von betonten und unbetonten Silben und der Reim. Bei einem Satz wie

> Bei Gedichten werden, wie im vorliegenden
> Fall, die Zeilen nicht vollgeschrieben.
> (Lettau 1973, 224)

sieht man, wenn man es nicht hört, dass es gleichfalls Verse sind: Das Schriftbild zeigt es. Verse, wenn sie aufgeschrieben werden, füllen zumeist nicht eine Druckzeile. Manchmal sind sie länger, meist aber kürzer. Das ist zwar kaum mehr als eine Faustregel, aber mit ihr kommt man weit.

Mehr Mühe kostet es allerdings, zu erkennen, was einen Vers ausmacht. Denn offensichtlich gibt es, wie man schon an den beiden Beispielen erkennen kann, verschiedene Arten von Versen. Auf Goethes Zeilen trifft die übliche Definition der Metriker zu: Sie bilden jeweils eine „metrische Einheit" (Wagenknecht 1981, 138), und zwar in diesem Fall gleich doppelt: Sie weisen ein Versmaß auf und sind gereimt. Bei den Zeilen Reinhard Lettaus ist weder das eine noch das andere der Fall. Es sind freie Verse, wie es sie in der deutschen Literatur seit dem Ende des 19. Jahrhunderts gibt; frei sind sie von jeder fuß- und reimmetrischen Bindung: Das war seinerzeit das Neue an ihnen.

Metrikern wie Christian Wagenknecht gelten sie nicht als Verse, sondern als „Prosaische Lyrik", deren „gedichtmäßige Darbietung" in dem „Anspruch" begründet sei, „mit so viel gesammelter Aufmerksamkeit gelesen zu werden, wie der Leser sie nur eben einem Gedicht gewohntermaßen entgegenbringt" (Wagenknecht 1981, 102). Der Begriff einer „Prosaischen Lyrik" hat sich jedoch aus guten Gründen nicht eingebürgert.

Lyriker, wenn sie Verse ohne Metrum und Reim schreiben, verzichten keineswegs darauf, sie als Verse zu bezeichnen. Die weitaus meisten zeitgenössischen Gedichte dürften gegenwärtig sogar aus freien Versen bestehen. Nicht nur ihrer großen Zahl wegen werden sie heutzutage fast selbstverständlich als Verse angesehen. Den freien Vers der Prosa zuzurechnen, würde nicht nur erhebliche Verwirrung bei Lesern stiften. Es entspräche auch nicht dem Selbstverständnis der Lyriker und würde die Geschichte des Verses erheblich verkürzen, nämlich um die Neuerungen der Moderne. Zu fragen ist also, was auch freie Verse zu Versen macht, obwohl sie nicht metrisch reguliert sind.

2   Metrum und Rhythmus

Was Wagenknecht eine „gedichtmäßige Darbietung" nennt, ist mehr als eine Äußerlichkeit. Die vom üblichen Schrift- und Druckbild abweichende Zeilenabteilung kennzeichnet den Vers vielmehr als eine eigene Einheit: als graphische wie als rhythmische Einheit, als Sprech- und Atemeinheit. Die Leerstelle im Schriftbild markiert eine Pause, die mit einem Verhalt zu lesen ist, dessen Länge allerdings nicht festgelegt ist. Die Versschreibweise hat also Partiturcharakter: Sie ist eine Lese-Anweisung, sei es zum stillen, sei es zum lauten Lesen. Dies – und nur dies –: dass sie eine eigene Gliederung der Rede darstellen, gilt für freie Verse ebenso wie für gebundene. Eine weitere Gemeinsamkeit weisen sie nicht auf.

Der Vers kann, aber er muss nicht metrisch gebunden sein. In seiner einfachsten Realisierung als freier Vers ist er es nicht. Freie Verse kennen keine feste Regel, weder was die Zahl der Silben noch was den Wechsel von betonten und unbetonten angeht. Als die einfachste Versart sind sie deshalb der Definition der Versrede zugrundezulegen.

Zu der rhythmischen Gliederung, die freie Verse darstellen, kann allerdings eine metrische *hinzutreten*. Sie kann verschiedener Art sein. Nicht nur Versmaß und Reim sind zu unterscheiden, sondern auch verschiedene Arten von fußmetrischer Regulierung – je nachdem, welches Maß zur Anwendung kommt: etwa das Maß der Silbenzahl, wie in der italienischen, das der Silbendauer, wie in der altgriechischen, oder das der Silbenschwere, wie in der deutschen Literatur.

„Insgesamt sind vier verschiedene Arten von Versen zu unterscheiden:

- Verse, die weder gereimt noch metrisch reguliert sind;
- Verse, die gereimt, aber nicht metrisch reguliert sind;
- Verse, die metrisch reguliert, aber nicht gereimt sind;
- und Verse, die sowohl gereimt wie metrisch reguliert sind.

Verse der ersten Art sind freie Verse, Verse der zweiten Art etwa Madrigalverse, Verse der dritten Art etwa klassische Odenverse oder Freie Rhythmen, Verse der vierten Art etwa Alexandriner" (Lamping 2000, 29). Je nach der Art der Reimbindung oder der fußmetrischen Regulierung, die vorliegt, sind noch weitere Typen zu unterscheiden (vgl. ebd.). Dabei variiert auch die Länge der Zeilen: Der längste regulierte Vers ist der daktylische Hexameter mit 15 Silben, wohingegen manche freien Verse bloß aus einer Silbe bestehen.

Die Pause am Ende des Verses stellt immer eine eigene Einteilung der Rede dar, die grundsätzlich mit der syntaktischen Gliederung eines Satzes nicht identisch ist. Sie folgt offenbar je eigenen rhythmischen Gesetzen. Zwar können Vers- und Satzgliederung zusammenfallen, etwa beim sogenannten Zeilenstil wie in den beiden Versen Goethes. Doch zeigt sich die grundsätzliche Eigenständigkeit der Versgliederung gerade dann, wenn sie, wie beim Enjambement, mit der Satzgliederung nicht übereinstimmt. Lettau betont dieses Eigengewicht dadurch, dass er das Ende des ersten Verses zwischen Adjektiv und Substantiv setzt, also in ein Syntagma, eine – in diesem Fall: kleine – Satz-Einheit zusammengehöriger Wörter. Solche Vers-Gliederung unterscheidet das Gedicht von der Prosa als der anderen Form sprachlicher Äußerung.

Die Definition des Gedichts impliziert, dass es nicht nur aus einem Vers besteht, sondern aus mindestens zweien oder aus einem Vers und einer Überschrift wie in Arnfrid Astels kleinem Gedicht

> FEUILLETON:
> Blatt vorm Kopf.
> (Astel 1978, 10)

Ein Vers, der nur wenige Wörter enthält und kürzer als eine Zeile ist, lässt sich von einem ähnlich kurzen Prosatext nicht eindeutig unterscheiden (vgl. Lamping 2000, 30). Durch eine Überschrift, die in diesem Fall zugleich als erster Vers gelesen werden kann, wird die Bestimmung leichter.

Demgegenüber enthält die Definition kein Merkmal, das die höchste mögliche Anzahl von Versen festlegen würde. Gedichte können kurz oder lang sein – so kurz wie ein zweizeiliges Epigramm, so lang wie die siebente *Duineser Elegie* Rilkes, die 92 Zeilen umfasst, oder noch länger.

3 Das Gedicht als Versrede

Das Gedicht wird, weil es aus Versen besteht, oft als „Verstext" (Wagenknecht 1981, 130) bezeichnet. Das erscheint unproblematisch – würde man mit einem Text nicht Schriftlichkeit verbinden: etwas, das aufgeschrieben wurde, damit es gelesen wird. Für Gedichte gilt das nicht immer. Viele werden nur gesprochen und mündlich überliefert wie etwa Kinderverse oder die Verse schriftunkundiger Völker, etwa Lieder. Angemessener ist es deshalb, von Vers*rede* zu sprechen.

Der Begriff der Rede ist weiter gefasst als der des Textes; er schließt jede sprachliche Äußerung ein, die endlich ist und im Ganzen einen Sinn hat. Rede, so verstanden, besitzt, mit den Worten Jurij M. Lotmans, eine „innere Organisation", die sie „in ein Strukturganzes verwandelt" (Lotman 1973, 90). Drei Momente sind dabei zu beachten: Versrede muss nicht ausschließlich, aber doch überwiegend aus sprachlichen Zeichen bestehen, die einen Sinn ergeben. Sie muss nicht von vornherein schriftlich *fixiert* sein; es genügt, wenn sie schriftlich *fixierbar* ist. Und sie muss einen Anfang und ein Ende haben, wie lang sie auch ansonsten sein mag.

Rede kann somit auch bloß mündlich geäußert werden. Tatsächlich sind viele Gedichte, von alters her, dafür gedacht, gesprochen oder auch gesungen zu werden. Das gilt aber nicht nur für Gedichte, die in schriftlosen Kulturen entstanden sind oder entstehen. Liedlyrik aller Art, klassische wie moderne bis hin zur populären Musik, ist zunächst zum Hören gedacht. Ihr Publikum erreicht sie über Vertonungen, die auf verschiedene Weise vorgetragen werden können. Auch Abzählreime, Merkverse oder Sprüche wenden sich oft an Hörer, die zum Teil des Lesens – noch – nicht kundig sind. Um solche Mündlichkeit einer „Hörlyrik" (Meyer-Sickendiek 2020) nicht auszuschließen, ist deshalb der Ausdruck ‚Versrede' vorzuziehen.

4 Form und Gestalt des Gedichts

Form begegnet im Gedicht nicht nur als Versform. Eine weitere Form stellt die Anordnung der Verse zu Gruppen dar. Sie müssen dabei nicht eine feste Anzahl haben, können es aber. Freie Verse oder Freie Rhythmen werden oft in unterschiedlich lange Gruppen abgeteilt; in Goethes Sturm- und-Drang-Hymnus *Prometheus* haben sie etwa – in dieser Reihenfolge – 12, 9, 7, 9, 9, 9, 5 und 7 Zeilen. Vers-Gruppen können allerdings auch jeweils eine bestimmte Zeilenzahl aufweisen. In manchen Gedichten des amerikanischen Dichters William Carlos Williams etwa sind die freien Verse in Zweier- oder Dreier-Gruppen angeordnet, so in

Breakfast
Twenty sparrows
on

a scattered
turd:

Share and share
alike.
(Williams 1973, 118)

In diesem Gedicht ist regelmäßig nur die Zahl der Verse, die Williams jeweils graphisch zu einer Gruppe anordnet. Die Zwei-Zahl ist dabei – ähnlich wie die Drei-Zahl in anderen seiner Gedichte – ein Mittel äußerer Ordnung. Ansonsten wechselt nicht nur die Zahl der Silben pro Vers, auch eine Reimbindung fehlt. Insofern würden Metriker noch nicht von einer Strophe sprechen. Doch ist eine solche gleichmäßige Gruppierung der Verse zumindest die Grundlage jeder Strophenbildung.

Gedichte können darüber hinaus ein *Strophenmaß* im engeren Sinn aufweisen, das durch „Art und Zahl der Verse sowie (gegebenenfalls) die Art der Reimbindung" (Wagenknecht 1981, 137) definiert ist. Seltener weisen sie auch ein *Gedichtmaß* auf, das sie im Ganzen regelt, vor allem durch eine bestimmte Anzahl der Verse, der Versgruppen und Strophen. Das bekannteste Strophenmaß der deutschen Literatur dürfte die Volksliedstrophe mit ihren vier oder sechs jeweils drei- oder vierhebigen gereimten Zeilen sein. Das bekannteste Gedichtmaß ist die Sonettform mit ihren 14, meist zu jeweils zweimal zwei Strophen angeordneten, durchweg gereimten Versen. Rainer Maria Rilke hat sie virtuos gehandhabt, etwa in seinem späten Gedicht

Stiller Freund der vielen Fernen, fühle,
wie dein Atem noch den Raum vermehrt.
Im Gebälk der finstern Glockenstühle
laß dich läuten. Das, was an dir zehrt,

wird ein Starkes über dieser Nahrung.
Geh in der Verwandlung aus und ein.
Was ist deine leidendste Erfahrung?
Ist dir Trinken bitter, werde Wein.

Sei in dieser Nacht aus Übermaß
Zauberkraft am Kreuzweg deiner Sinne,
ihrer seltsamen Begegnung Sinn.

Und wenn dich das Irdische vergaß,
zu der stillen Erde sag: Ich rinne.
Zu dem raschen Wasser sprich: Ich bin.
(Rilke 1996, II, 272)

14 durchweg gereimte trochäische Verse zu je neun oder zehn Silben, angeordnet zu zwei Gruppen von je vier und zwei Gruppen von je drei Versen, den Quartetten und den Terzetten, machen die Form des ebenso eingängigen wie eleganten Sonetts aus. Strophen- und Gedichtmaß wie in ihm finden sich nicht in aller Versrede, sind also

kein notwendiges Merkmal von Gedichten. Sie gehören vielmehr zu den komplexen Realisierungen der Gedichtform.

Die Form ist das Ergebnis einer absichtsvollen Gestaltung. Durch sie hat das Gedicht zugleich eine äußere Gestalt, die sich aus der Anordnung von Wörtern in Versen ergibt. Zu dieser Gestalt tragen natürlich auch, wo vorhanden, Strophen- und Gedichtmaß bei. Im einfachsten Fall ist die Gestalt des Gedichts bloßes Aussehen, das allerdings auch auffällig sein kann, im Vergleich vor allem mit einer Prosaseite. Doch auch dieses Aussehen ist grundsätzlich gestaltet – etwa schon, wenn es absichtlich von der üblichen linksbündigen Anordnung abweicht, wie in den *Phantasus*-Gedichten von Arno Holz:

> Vor meinem Fenster
> singt ein Vogel.
>
> Still hör ich zu; mein Herz vergeht.
>
> Er singt,
> was ich als Kind besass
> und dann – vergessen.
> (Holz 1978, 16)

Allerdings unterscheidet sich die Gestalt eines Gedichts nicht nur von der einer Prosaseite. Sie wechselt auch von Gedicht zu Gedicht. Das mag bei freien Versen besonders auffallen, gilt aber grundsätzlich für alle Gedichte, und zwar einfach, weil sich niemals zwei von ihnen aus genau denselben Wörtern zusammensetzen. Das macht in einem einfachen, aber elementaren Sinn die Individualität des Gedichts aus.

5 Das Gedicht und seine Sprache

Wenn das Gedicht als Versrede durch seine *Form* bestimmt wird, bedeutet das auch, dass es nicht durch eine bestimmte *Sprache* definiert ist. Das ist nicht selbstverständlich. Zahlreich sind die Versuche, Gedichte durch ihre besondere Sprachverwendung zu bestimmen. Die Rede ist dann etwa von einer „Dichtersprache" (vgl. Kahler 1952, 190) oder einer „Gedichtsprache" (vgl. Schmidt 1968), die von einer meist mehr angenommenen als genauer beschriebenen Normal-, Standard- oder Alltagssprache abgesetzt wird.

Solche poetische Sprache ist traditionell vor allem gewählte Sprache, ausgezeichnet etwa durch eine erlesene Wortwahl und einen anspruchsvollen Satzbau. Noch im 20. Jahrhundert sind viele Gedichte geschrieben worden, die sich einer hohen Sprache bedienen. Berühmt ist der Anfang von Rilkes Erster *Duineser Elegie*:

> Wer, wenn ich schriee, hörte mich denn aus der Engel
> Ordnungen? [...]
> (Rilke 1996, II, 201).

Die Platzierung des Nebensatzes „wenn ich schriee" gleich nach dem Subjekt, die Umstellung der Wortreihe „aus den Ordnungen der Engel" zu „aus der Engel Ordnungen", schließlich ein Wort wie „Engel": das alles macht den Vers als gehobene poetische Sprache kenntlich.

Die sprachliche Verfassung eines solchen Gedichts kann allerdings nicht als Normalfall der Versrede gelten. Ein Gedicht muss keine gewählte Sprache haben, wie man etwa an den Versen Lettaus sehen kann. Seine Sprache ist weitgehend alltäglich, und doch handelt es sich auch bei seinen Versen um ein Gedicht. Die Behauptung, dass die Versrede eine eigene Sprache hat, verallgemeinert einen – historischen – Typus, der vor allem die Zeit vor der Moderne kennzeichnet. Seither hat er nach und nach seine Geltung verloren.

Auch „Besonderheiten des Wortgebrauchs" (Burdorf 2015, 139), die in der Regel als ‚Bildlichkeit' beschrieben werden, sind aufs Ganze gesehen häufig, aber nicht immer in Gedichten zu finden. Rhetorische Figuren wie „Allegorie und Personifikation" (Killy 1972, 94) oder Symbol, Vergleich, Metapher und Metonymie (vgl. etwa Burdorf 2015, 150–158) kennzeichnen viele Gedichte, ohne spezifisch für sie zu sein.

Nicht haltbar ist schließlich auch die Behauptung, Gedichte seien grundsätzlich schwer zu verstehen, vor allem aufgrund eines bestimmten obskuren Stils. Tatsächlich gibt es Gedichte, die dunkel oder verschlossen sind. Die Hermetik von Gedichten des Spanischen Barock, etwa bei Luis de Góngora, oder in der italienischen Lyrik des frühen 20. Jahrhunderts, etwa beim frühen Eugenio Montale, ist beabsichtigt: ein Stilmittel. Nicht anders ist es in den späten Gedichten Rilkes. Die Sprache anderer Gedichte ist jedoch vergleichsweise einfach, mitunter geradezu simpel, zumindest leicht verständlich. Viele Lyriker haben sich viel darauf zugute gehalten, so zu schreiben – etwa ein Bertolt Brecht oder ein Erich Kästner. Auch manche Theoretiker haben Sympathie für eine – allerdings weniger aufklärerisch gedachte – sprachliche Einfachheit gezeigt (vgl. etwa Kommerell 1943, 14).

Die Sprache von Gedichten ist letztlich so schwer und so leicht verständlich, wie es alle poetische Sprache ist oder sein kann, in Vers oder in Prosa. Manches Prosawerk, etwa der *Ulysses* von James Joyce oder sein *Finnegan's Wake*, ist genauso schwer, wenn nicht schwerer zu verstehen als ein Gedicht, selbst ein Gedicht von Joyce, und auch seine Sprache ist zumindest immer wieder ‚poetisch'.

Eine Verwendung von Sprache, die nur für Versrede gelten würde, ist bislang noch nicht nachgewiesen worden (vgl. Lamping 2007, 145, außerdem Lamping 2000, 39–40). Das bedeutet nicht, dass die Sprache eines Gedichts bedeutungslos wäre. Es heißt lediglich, dass das Gedicht nicht durch einen *bestimmten* Sprachgebrauch zu definieren ist. Die sprachlichen Merkmale eines Gedichts, die Aufnahme in eine Minimaldefinition finden, sind vielmehr ähnlich einfach und elementar wie die formalen.

6 Gedichte als Kunstwerke

Insofern Gedichte eine Form haben und gestaltet sind, stellen sie Kunstwerke dar, allerdings zunächst in einem technischen Sinn: Sie sind gemacht, nicht natürlich gewachsen oder sonstwie urwüchsig, sondern absichtlich, ja planvoll hergestellt. Dieses Gemachtsein ist als Gestaltung beschreibbar.

Ob ein Gedicht dabei auch als ästhetisch angesehen wird, ergibt sich aus anderen Faktoren. Dass es als „gut" oder „schön" (Kommerell 1943, 25) erfahren wird, kann auf dem bloß subjektiven Urteil eines Lesers oder Hörers beruhen, das nicht weiter zu verhandeln ist. Es kann aber auch mehr oder weniger begründet sein, etwa, wie traditionell üblich, mit der harmonischen Verfassung oder dem Gelungensein des Werks, seiner Fehlerlosigkeit und Vollständigkeit.

Diese beiden Möglichkeiten, von der Kunst eines Gedichts zu sprechen, die technische und die ästhetische, sind zunächst voneinander zu unterscheiden. Insofern ist die hier gestellte Frage: „Was ist ein Gedicht?" von der anderen, nicht weniger wichtigen zu trennen: „Was ist ein gutes Gedicht?" (vgl. Gelfert 2016) Bei ihrer Beantwortung werden ganz andere Kriterien als Form und Gestaltung bemüht – etwa sprachliche Angemessenheit, „Authentizität" (ebd., 38) oder „Abweichung vom Gewöhnlichen" (ebd., 43). Die Entscheidung darüber, ob ein Gedicht gut ist, wird ansonsten nicht durch eine Beschreibung, sondern durch ein Geschmacksurteil getroffen.

7 Künstlerische Einfachheit und Komplexität des Gedichts

Ein Gedicht ist das Ergebnis einer Gestaltung, zunächst – und in jedem Fall – einer formalen, die im einfachsten Fall in der Setzung einer eigengesetzlichen Pause besteht. Es versteht sich, dass dies als Minimalbedingung nur die elementare Art der Versgliederung darstellt. Der künstlerische Spielraum der formalen Gestaltung im Gedicht ist jedoch außerordentlich groß. Eine Versrede kann sehr unterschiedliche Grade formaler Komplexität aufweisen. Dies umfassend zu zeigen, würde jeden Rahmen sprengen. Ein paar Hinweise müssen deshalb genügen. Sie beschränken sich auf die kürzeste Form von Gedichten: auf Zweizeiler. Was für sie gilt, ist auf umfangreichere Gedichte hochzurechnen.

Die minimale Anforderung der zumindest einmaligen Setzung einer eigengesetzlichen Pause erfüllt bereits ein kleines, zweizeiliges Gedicht Arnfrid Astels wie

> WENN das schöne Ei nicht zerbricht,
> kann der Vogel nicht ausschlüpfen.
> (Astel 1978, 245)

Mehr an Gestaltung als die Pause am Versende hat das Gedicht nicht zu bieten. Es ist, auch formal, von einfacher Art.

Schon komplexer ist die formale Gestaltung, wenn ein Gedicht nicht allein auf der Setzung einer eigengesetzlichen Pause beruht. Die Wörter zwischen zwei Pausen können auch in sich geordnet sein, nämlich durch ein Metrum, und zwei Verse können formal aufeinander bezogen sein, nämlich durch einen Reim.

Dass damit auf dem engen Raum von zwei Zeilen noch mehr an Gestaltung als in dem kleinen Gedicht von Arnfrid Astel möglich ist, zeigt Erich Kästners Epigramm

Physikalische Geschichtsbetrachtung
Dem ehernen Gesetz des Falles
gehorcht auf Erden alles.
(Alles!)
              (Kästner 1969, I, 329)

Kästners Verse sind metrisch reguliert: Er verwendet ein fünfhebiges jambisches Versmaß. Er ordnet die Worte seines kleinen Gedichts aber nicht nur metrisch, er reimt sie auch am Ende der beiden Verse. Das zweite Reimwort „alles" ist dabei im ersten: „Falles" vollständig enthalten. Das erste Reimwort wird zudem klanglich hervorgehoben: Die ersten vier Wörter des Verses enthalten alle nur den Vokal „e", allein das fünfte Wort noch ein „a".

Die Komplexität eines Gedichts steigert sich weiter, wenn zu der formalen Gestaltung noch eine sprachliche hinzutritt. Sie besteht in der Regel in der Verwendung bestimmter Redeweisen, die als ‚rhetorische' bezeichnet und katalogisiert werden. Eine solche sprachliche Gestaltung findet sich auch in dem Epigramm Arnfried Astels: Man kann es als Gleichnis lesen. Sprachlich noch elaborierter ist ein anderes seiner kurzen Gedichte:

IM Chaos schwimmt
der aufgeräumte Kopf
(Astel 1978, 240)

das einen phonetisch durch die Alliteration markierten Gegensatz („Chaos" – „Kopf") enthält und ein Wort („aufgeräumt") metaphorisch verwendet.

Eine weitere Stufe der Gestaltung ist erreicht in einem Epigramm wie

Sisyphos
Aus dem Vollen schöpfen,
ins Leere, ins Leere.
(ebd., 241)

Auch das sind nur zwei Zeilen, die aber über den Gegensatz – von voll und leer – hinaus zur Verstärkung die rhetorische Figur der Wortwiederholung verwenden und durch den Titel eine mythologische Anspielung einbringen, der einen weiteren Bedeutungshorizont eröffnet.

Dass auf dem engen Raum von zwei Zeilen noch mehr an formaler und sprachlicher Komplexität möglich ist, zeigt abermals Kästners Epigramm *Physikalische Geschichtsbetrachtung*. Das Verspaar stellt sich in die Tradition des Epigramms, aber nicht nur, wie bei Astel, durch die bloße Verszahl. Es folgt auch dem klassischen Epigramm-Schema von Erwartung und Aufschluss, wie Lessing es bezeichnet hat (vgl. Frey 2009, 190). Dabei verwendet es das erste der beiden Reimwörter buchstäblich im Sinn der Abwärtsbewegung eines Körpers oder Dings wie auch metaphorisch im Sinn von Sturz und Untergang, von Fehltritt oder Verfehlung. Auf diese Weise verwandelt Kästner das physikalische Gesetz der Schwerkraft in ein historisches und moralisches. Die Botschaft ist keineswegs nur pessimistisch: Wenn alles untergeht, dann trifft es auch das Schlechte. Zur didaktischen Verstärkung der Aussage bedient sich Kästner am Schluss noch der Wiederholung.

Sein Gedicht zeigt exemplarisch, was sich alles in zwei Zeilen sagen lässt – und zwar sowohl ausdrücklich *sagen* wie auch nur *andeuten*. Seine formale und sprachliche Komplexität ist nicht zuletzt daran zu erkennen, dass man ein Vielfaches seines Umfangs braucht, um es zu erklären – ohne dass damit wohl schon alles über diese zwei Verse gesagt wäre. Auch solche Komplexität ist, zumal in längeren Gedichten, etwa einem Sonett, ohne weiteres noch zu steigern.

Es ist nicht schwer zu erkennen, wie die technische Komplexität eines Gedichts schon mit zunehmender Länge weit über das Minimum zunehmen kann; damit eröffnen sich ihm weitere Möglichkeiten. Die Form eines Gedichts ist insbesondere dann noch einmal komplexer, dadurch auch auffälliger, wenn sie eine Regelmäßigkeit der Gestaltung besitzt, schon weil damit das Maß der Formung und damit das Geformtsein deutlicher hervortreten. Dies können bereits einfache Regelmäßigkeiten leisten: eine Regelmäßigkeit in der Anordnung der Wörter, sei es durch ein Versmaß, sei es durch den Reim; eine Regelmäßigkeit in der Gruppierung der Verse, etwa durch ein Strophenmaß; oder schließlich eine Regelmäßigkeit in der Anordnung der Strophen, also durch ein Gedichtmaß.

Die einfachste dieser Regelmäßigkeiten ist die bloße Wiederholung, etwa wenn das erste und das letzte Wort gleich sind – und noch mehr, wenn es auch der erste und der letzte Vers sind. Bei kurzen, nur aus einem Wort bestehenden Zeilen kann dann das eine mit dem anderen zusammenfallen. Alfred Andersch etwa beginnt und beendet sein Gedicht *Wo bin ich?* mit demselben Wort: „mittwoch":

> mittwoch
> gütersloh
> eine fußgängerzone
> donnerstag
> mönchengladbach
> die hindenburgstraße
> die hindenburgstraße
> gütersloh
> donnerstag
> eine fußgängerzone
> mönchengladbach
> mittwoch
> (Andersch 1977, 51)

Die Wiederholung beschränkt sich in diesem Gedicht aber nicht auf die erste und die letzte Zeile. Das Vokabular besteht aus nicht mehr als sieben Wörtern, die alle zweimal verwendet werden. Andersch kennzeichnet durch die Wort-Wiederholung nicht nur Anfang und Ende, sondern auch die Mitte des Gedichts, die zwischen die beiden „die hindenburgstraße" lautenden Verse fällt. Was schon dieser einfache Kunstgriff bewirkt, ist leicht zu erkennen: Die Wiederholung schafft sowohl Ordnung wie Verwirrung. Das Gedicht spricht von einer Lesereise, deren Gleichförmigkeiten dem Autor die Orientierung erschweren: Den einen Ort kann er vom anderen, den einen Tag nicht mehr vom anderen unterscheiden.

8 Die Komposition

Ein Gedicht wie *Wo bin ich?* ist nicht nur teilweise, sondern auch insgesamt gestaltet: Die Ordnung umfasst den ganzen Text. Insofern besitzt das Gedicht eine Komposition – wenn auch, bei seinem beschränkten Umfang, nur eine einfache. Auch eine Komposition trägt zur Komplexität eines Gedichts, wie jedes Textes, bei.

Ein Gedicht beginnt in der Regel nicht einfach und bricht nicht einfach unvermittelt ab – selbst wenn dies bei manchen Fragmenten so sein, bei anderen auch nur so scheinen mag. Es setzt vielmehr einen Anfang und ein Ende. Die Teile dazwischen sind planvoll angeordnet und aufeinander bezogen: Das Ganze ist dadurch kohärent, ein ‚Strukturganzes' im Sinn Lotmans. Das gilt grundsätzlich für alle Gedichte, die eine absichtsvolle Zusammenstellung von Wörtern darstellen: Sie sind Kunstwerke auch durch ihren kunstvollen (Auf-)Bau.

Dabei sind insgesamt vor allem vier Arten literarischer Komposition zu unterscheiden: die numerische, die thematische, die dramatische und die temporale (vgl. Lamping 2011). Sie sind in aller Literatur zu finden, auch in aller Gedicht-Literatur, der lyrischen wie der epischen und der dramatischen. Sie sind nicht notwendig, von Werk zu Werk, voneinander geschieden; je komplexer ein literarischer Text ist, umso komplexer ist vielmehr auch seine Komposition, die dann zumeist nicht mehr nur auf einen Typus zurückzuführen ist, sondern zwei oder mehrere miteinander verbindet.

Der erste Typus literarischer Komposition, der numerische, ist formaler Art und besteht darin, auf der Grundlage fester Zahlenverhältnisse eine mathematische Ordnung zu schaffen. Er findet seine einfachste Variante in der Wiederholung als Dopplung wie in Anderschs Gedicht. In der Metrik dienen Zahlen zur Bestimmung von Versmaßen – etwa nach der Silben- oder der Hebungszahl –, ferner von Strophen nach der Verszahl und schließlich von Gedichtformen. Das bekannteste Beispiel dafür ist das Sonett als ein im Ganzen durchstrukturiertes Wort-Gebilde: Die Verse haben die gleiche Anzahl von Silben und sind zu einer festen Zahl von Strophen angeordnet (vgl. Wittbrodt 2009).

Zur numerischen Komposition als einer formalen stellt die thematische den entgegengesetzten Pol dar: Sie erfolgt nach inhaltlichen Gesichtspunkten. Manifest ist sie etwa in Dantes *Divina Comedia*, einem der großen epischen Gedichte der Weltliteratur. Ihre drei Teile: *Inferno*, *Purgatorio* und *Paradiso* haben jeweils ein großes Thema, das die einzelnen Episoden miteinander verbindet: die Höllenstrafe, die Läuterung und die Seligkeit. Auf sie hin sind die einzelnen Episoden geordnet.

Die dritte Art der Komposition, die dramatische, ist „an einer Geschichte, an einem Vorgang oder einem Ereignis orientiert" (Lamping 2011, 180), also an Handlung im weitesten Sinn, wie z. B. in der *Odyssee* Homers, dem anderen großen epischen Gedicht: als Erzählung von der umwegigen und hindernisreichen Rückkehr des listenreichen Odysseus vom Krieg gegen Troja nach Ithaka.

Eine temporale Komposition schließlich liegt allen Werken zugrunde, die etwas darstellen, das „innerhalb einer bestimmten Zeitspanne geschieht" (ebd., 181). Ossip Mandelstams *Der erste Januar 1924* ist ein solches Gedicht, Wystan Hugh Audens *September 1st 1939* ein anderes: Alles, was sie zur Sprache bringen, gehört zu einem Tag, bezieht sich in unterschiedlicher Weise auf ihn.

Die Komposition macht aus der Rede – im Fall des Gedichts: der Versrede – ein Ganzes. Auch das schafft jeweils eine höhere Komplexität der Gestaltung im Vergleich zu einem bloßen Nebeneinander oder gar Durcheinander, zumal die verschiedenen Typen der Komposition einander nicht ausschließen. Die numerische etwa kann als eine formale durchaus mit einer oder mehreren anderen zusammengehen. Die *Divina Comedia* weist beispielsweise nicht nur eine thematische Komposition auf. Sie besteht aus drei großen Teilen, und ihre Strophenform ist die dreizeilige Terzine. Auch andere Zahlenordnungen lassen sich in ihr ausmachen. „In der Dichtungslehre Dantes oder besser in der Dichtungskonzeption der Commedia spielt die Zahl eine derart zentrale Rolle, dass Dantes Poetik generell mit dem Begriff Zahlenpoetik gekennzeichnet werden könnte" (Hardt 2003, 124), schreibt Manfred Hardt dazu.

Literatur

Textausgaben

Alfred Andersch: *empört euch, der Himmel ist blau*. Gedichte und Nachdichtungen 1946–1977. Zürich 1977.
Arnfrid Astel: Neues (& Altes) vom Rechtsstaat & von mir. Alle Epigramme. Frankfurt a. M. 1978.
Johann Wolfgang Goethe: Werke. Kommentare und Register. Hamburger Ausgabe in 14 Bänden. Hg. von Erich Trunz. München 13. Aufl. 1982.
Arno Holz: Phantasus. Verkleinerter Faksimiledruck der Erstfassung. Hg. von Gerhard Schulz. Stuttgart 1978.
Erich Kästner: Gesammelte Schriften für Erwachsene. Zürich 1969.
Reinhard Lettau: Immer kürzer werdende Geschichten & Gedichte & Porträts. München 1973.
Rainer Maria Rilke: Werke. Kommentierte Ausgabe in vier Bänden. Hg. von Manfred Engel u. a. Frankfurt a. M., Leipzig 1996.
William Carlos Williams: Die Worte, die Worte, die Worte. Gedichte. Amerikanisch und deutsch. Übertragung, das Gedicht ‚Envoi' und Nachwort von Hans Magnus Enzensberger. Frankfurt a. M. 2. Auflage 1973.

Forschungsliteratur

Dieter Burdorf: Einführung in die Gedichtanalyse. Stuttgart 3., aktualisierte und erweiterte Auflage 2015.
Daniel Frey: Epigramm. In: Dieter Lamping in Zusammenarbeit mit Sandra Poppe u. a. (Hg.): Handbuch der literarischen Gattungen. Stuttgart 2009, S. 186–197.
Hans-Dieter Gelfert: Was ist ein gutes Gedicht? Eine Einführung in 33 Schritten. München 2016.
Manfred Hardt: Geschichte der italienischen Literatur. Von den Anfängen bis zur Gegenwart. Frankfurt a. M. 2003.
Erich von Kahler: Was ist ein Gedicht? In: Ders.: Verantwortung des Geistes. Gesammelte Aufsätze. Frankfurt a. M. 1952, S. 171–198.
Walther Killy: Elemente der Lyrik. München 1972.
Max Kommerell: Gedanken über Gedichte. Frankfurt a. M. 1943.
Dieter Lamping: Das lyrische Gedicht. Definitionen zu Theorie und Geschichte der Gattung. Göttingen 3. Aufl. 2000.
Dieter Lamping: Lyrikanalyse. In: Thomas Anz (Hg.): Handbuch Literaturwissenschaft. Band 2: Theorien und Methoden. Stuttgart, Weimar 2007, S. 139–155.
Dieter Lamping: Die Zahl als poetisches Kompositionsprinzip. Über das ästhetische Vergnügen an mathematischer Ordnung. In: Andrea Albrecht u. a. (Hg.): Zahlen, Zeichen und Figuren. Mathematische Inspirationen in Kunst und Literatur. Berlin 2011, S. 177–190.
Jurij Lotman: Die Struktur des künstlerischen Textes. Hg. und mit einem Nachwort und einem Register von Rainer Grübel. Frankfurt a. M. 1973.
Burkhard Meyer-Sickendiek: Hörlyrik. Eine interaktive Gattungstheorie. o.O. 2020.
Siegfried J. Schmidt: Alltagssprache und Gedichtsprache. Versuch einer Bestimmung von Differenzqualitäten. In: Poetica 2 (1968), S. 285–303.
Christian Wagenknecht: Deutsche Metrik. Eine historische Einführung. München 1981.
Andreas Wittbrodt: Sonett. In: Dieter Lamping in Zusammenarbeit mit Sandra Poppe u. a. (Hg.): Handbuch der literarischen Gattungen. Stuttgart 2009, S. 688–696.

Die Bedeutung der Form im Gedicht

3

Inhaltsverzeichnis

1 Die Form und ihre Bedeutung 19
2 Die Semantik der Form 21
3 Das Gedicht als bedeutungsreiche Rede 22
Literatur 23

1   Die Form und ihre Bedeutung

Die Form des Gedichts muss keine bloße Äußerlichkeit sein. Als Ergebnis einer künstlerischen Gestaltung kann sie nicht nur eine Gestalt haben, sondern auch eine Bedeutung. Es gehört zu den Besonderheiten des Gedichts, dass auch seine Form eine eigene Semantik hat (vgl. im Folgenden Lamping 2000, 39–54 sowie Lamping 2016, 38–40). Das macht sein Verstehen zu einer komplexen Aufgabe (vgl. dazu auch Detering 2016). Auch für die Auslegung eines Gedichts gelten zwar die Grundsätze der Hermeneutik, doch ist es noch nicht vollständig verstanden, wenn es bloß seine Worte sind. Ganz erfasst ist es erst, wenn auch die Bedeutung der Form und ihr Zusammenhang mit der Bedeutung der Wörter erkannt ist (vgl. auch Tynjanov 1977, 73–137, außerdem Schultz 1981 und Kraft 1982).

Ein Bedeutungsfaktor ist die Form im Gedicht entweder „durch ihren Einfluss auf die Semantik der Wörter" oder „durch ihre eigene Semantik" (Lamping 2000, 41). Der Einfluss der Form auf die Bedeutung der Wörter gründet sich auf die Gliederung in Verse, die eigene Bedeutungen schaffen kann. Die Pause am Ende eines Verses akzentuiert einzelne Wörter oder Gruppen von Wörtern. Das gilt grundsätzlich für jede Versgliederung, selbst dann, wenn sie mit der Satzgliederung wie beim Zeilenstil zusammenfällt.

© Der/die Herausgeber bzw. der/die Autor(en), exklusiv lizenziert an Springer-Verlag GmbH, DE, ein Teil von Springer Nature 2024
D. Lamping, *Theorie des lyrischen Gedichts*,
https://doi.org/10.1007/978-3-662-69471-8_3

Deutlicher ist die semantische Einheit, die der Vers schafft, allerdings, wenn er mit dem Satz oder einem Teil von ihm nicht identisch ist. So kann er nur aus einem Wort oder Wortteil bestehen oder einen Satz auf mehrere Zeilen verteilen und dadurch äußerlich sichtbar die Einheit des Wortes und des Satzes durch die Versgliederung zerteilen. Ein Beispiel dafür sind in Paul Celans Gedicht *Weggebeizt* die Zeilen

Aus-
gewirbelt,
frei
(Celan 2003, 181)

die für die befreiende Bewegung – hier aus dem „Gerede" (ebd., 180) – stehen. In solchen Fällen etabliert sich der Vers erkennbar auch als eine eigene Sinn-Einheit, die sich von der Satzgliederung löst, sich sogar gegen sie realisieren kann, wenn die Satzgrenzen in die Verse und die Versgrenzen in die Syntagmen, ja in die Wörter platziert werden.

Die Versgliederung kann in solchen Fällen eine gewisse „semantische Autonomie" (Lotman 1973, 285) erlangen, „sofern es ihr nämlich gelingt, zwischen einzelnen Wörtern, die weder grammatisch noch syntaktisch miteinander verbunden sind, Sinnbezüge herzustellen", insbesondere durch „Beziehungen der Ähnlichkeit und der Entgegensetzung zwischen Wörtern", „die an den exponierten Stellen des Verses platziert sind" (Lamping 2000, 42). Lotman spricht davon, dass dann „die räumliche Korrelativität der Strukturelemente bedeutungshaltig" (Lotman 1973, 285) wird.

Auf diese Weise eröffnen sich Bedeutungen zum Beispiel, wenn zwei sinntragende Wörter an den Anfang und das Ende eines Verses gesetzt werden, so dass von ihnen aufeinander beziehbare Bedeutungen ausgehen, wie etwa in Celans Gedicht *Zwanzig für immer:*

Himmels- und Erd-
säure flossen zusammen
(Celan 2003, 183).

Die Anordnung der beiden Wortteile „Himmels-" und „Erd-" zeigt das Zusammenfließen ihrer Säuren, ihre Reihenfolge die Fließbewegung.

Die Versgliederung kann aber nicht nur Bezüge zwischen verschiedenen sprachlichen Zeichen herstellen. Sie kann auch, genau entgegengesetzt, das einzelne Wort, ja „das einzelne sprachliche Zeichen aus seinen grammatischen und syntaktischen Zusammenhängen lösen" (Lamping 2000, 43). Die Isolierung einzelner Wörter in jeweils einer Zeile, etwa in den Versen Celans, dient dann dazu, sie zu betonen, so dass die Aufmerksamkeit des Lesers auf ihre Bedeutung fällt.

Die Versgliederung kann durch die Zerteilung einzelner Wörter in Silben und Buchstaben sogar „kleinste semantische Einheiten" schaffen (ebd.) – wie etwa in Paul Celans Gedicht *Keine Sandkunst mehr*, dessen Schlussverse

> Tiefimschnee,
>   Iefimnee,
>   I – i – e
> (Celan 2003, 184)

lauten: Die Auflösung des Wortes in seine Vokale steht für die Schwierigkeit der Auslegung von Zeichen und zumal, im Zusammenhang des Gedichts, der mantischen Zukunftsdeutung.

2 Die Semantik der Form

Durch die Form wird das Gedicht grundsätzlich mit weiterer Bedeutung angereichert. Bedeutsam kann in ihm nicht nur die Versgliederung sein. Auch die Versarten können ihre eigene Semantik besitzen. In der traditionellen Metrik wird sie – mit einem Ausdruck Wolfgang Kaysers – als „Ethos" (Kayser 1980, 22) beschrieben. „Versmaße", so schreibt Kayser, „sind keine äußeren Formen, die man nach Belieben an jeden Inhalt herantragen kann" (ebd.). Kayser hat in seiner *Kleinen deutschen Versschule* das ‚Ethos' einiger viel gebrauchter Versformen analysiert, unter anderen der Volksliedzeile, des Hexameters, des Jambus, des Trochäus, des Blankverses, des Trimeters, des Alexandriners, des Daktylus und des Anapäst. Die eindrucksvolle Zahl der Beispiele lässt erkennen, dass Versformen nicht ausnahmsweise, sondern üblicherweise durch ihren Gebrauch ein Ethos besitzen.

Ein berühmtes Beispiel für die Semantik einer Versform ist der Knittelvers, der eine lange, ins 15. Jahrhundert zurückreichende Geschichte hat, die neben anderen Formen den Meistersang eines Hans Sachs oder das protestantische Kirchenlied Martin Luthers einschließt. Goethe hat im Eingangs-Monolog Fausts den Vers in seiner freien Form verwendet:

> Habe nun, ach! Philosophie,
> Juristerei und Medizin,
> Und leider auch Theologie
> Durchaus studiert, mit heißem Bemühn.
> Da steh ich nun, ich armer Tor,
> Und bin so klug als wie zuvor!
> (Goethe 1982, III, 20)

Kayser hat die Semantik des Knittels auf die Formel gebracht, „daß sich das Ethos des Verses aus seiner Welt auffüllte: der Knittel gilt uns als bieder, volkstümlich, deutsch" (Kayser 1980, 22).

Es mag allerdings verschiedene Gründe dafür geben, dass Goethe Faust in dieser Versart sprechen lässt. Zum einen gehört sie, allerdings in ihrer strengen Variante, in die Zeit, in der sein Drama spielt: in das 16. Jahrhundert. Zum anderen hat sie „etwas besonders Charakteristisches, fast Holzschnittartiges", in dem sich „die Faustische Heftigkeit und Unausgeglichenheit" (Trunz, in: Goethe 1982, III, 486) „entladen" kann.

Eine eigene Semantik besitzen aber nicht nur gebundene Formen mit langer Geschichte. Dass auch der freie Vers noch seine eigene Semantik hat, belegen die Bemerkungen Bertolt Brechts *Über reimlose Lyrik mit unregelmäßigen Rhythmen* von 1938/39: seine zeittypische Umschreibung für diese damals in der sozialistischen Literatur noch nicht etablierte Form (vgl. dazu ausführlicher Lamping 1990). Freie Verse seien, im Vergleich mit „glatten Rhythmen", der „Sprechweise des Alltags" näher, ließen „nüchternen Ausdruck" zu und betonten „das Gedankliche": „Bei unregelmäßigen Rhythmen" erhielten so „die Gedanken eher die ihnen entsprechenden eigenen emotionellen Formen" (Brecht 1968, 88).

Wie die Versart so hat auch der Reim eine Bedeutung. Nach Peter Rühmkorf, dem neben Karl Kraus wichtigsten Reimpoetologen (vgl. Rühmkorf 1981) der deutschen Literatur des 20. Jahrhunderts, besitzt er eine „eigene Semantik" (Rühmkorf 1980, 392) als eine „Einheit-in-der-Zweiheit" (ebd., 395). Der Gleichklang der gereimten Wörter suggeriert, dass es zwischen ihnen auch eine Sinn-Beziehung gebe. Sie ist von verschiedenen Poetologen auf verschiedene Weise gedeutet worden, etwa metaphysisch als Zeichen einer harmonischen Schöpfung oder erotisch im Hinblick auf die Liebe von Mann und Frau (vgl. ausführlicher Lamping 2000, 48).

Neben dem Versmaß und dem Reim schafft auch die Strophe weitere Bedeutungen im Gedicht. Ein klassisches Beispiel dafür ist die von Dante für seine *Göttliche Komödie* eigens geschaffene – in der deutschen Literatur nach ihm etwa von Goethe und Hugo von Hofmannsthal verwendete – Form der aus drei gereimten Versen bestehenden Terzine: Sie verweist in diesem metaphysischen Epos symbolisch auf die göttliche Dreifaltigkeit.

Auch eine Gedichtform wie das Sonett hat ihre eigene, wenn auch nicht so präzise Bedeutung, und zwar, August Wilhelm Schlegel zufolge, durch ihre „Concentration" (zit. nach Fechner 1969, 344) und Konzentriertheit, ihre „ganz besondre exorbitante Correctheit" (ebd.) und ihre „geometrische Constructions-Art" (ebd., 347), die sie für Gedankenlyrik geeignet machen (vgl. Lamping 2000, 50–51).

3 Das Gedicht als bedeutungsreiche Rede

Die Semantik der Form ist ein Moment der Bedeutungsdichte, die das Gedicht als Versrede auszeichnet (vgl. Lamping 2000, 50–51). Alle seine Teile und Zeichen können grundsätzlich eine Bedeutung erhalten, auch diejenigen, die normalerweise in Prosatexten keine semantische Funktion haben, wie etwa die Orthographie oder die Typographie. Das anschaulichste Beispiel für die Anreicherung aller Teile und Zeichen des Gedichts mit Bedeutung aber ist die Pause, zumal die Pause am Versende, die nicht nur eine rhythmische, sondern auch eine semantische Funktion haben kann, etwa in den Versen von Celans viel interpretiertem Gedicht *Du liegst*:

    Nichts
        stockt.
    (Celan 2003, 316)

Die Pause steht hier für den Moment des Innehaltens, den Celan angesichts der politischen Morde, deren Spuren er im Berlin der 1960er Jahre nachgegangen ist, fordert. Im Gedicht kann noch die Leerstelle, das graphische Zeichen für die Pause, bedeutsam werden.

Grundlegend für die besondere poetische Semantik des Gedichts ist, dass, mit der Formulierung Boris Eichenbaums, das Wort im Vers „gewissermaßen aus der gewöhnlichen Rede herausgenommen, von einer neuen Bedeutungs-Aura umgeben, nicht gegen den Hintergrund der Rede überhaupt, sondern gegen den Hintergrund der Versrede wahrgenommen wird" (Eichenbaum 1965, 39–40). Eine Interpretation, die dem nicht Genüge tut, verfehlt notwendig die Spezifik eines Gedichts.

Literatur

Textausgaben

Bertolt Brecht: Über Lyrik. Redaktion: Elisabeth Hauptmann. Frankfurt a. M. 3. Auflage 1968.
Johann Wolfgang Goethe: Werke. Kommentare und Register. Hamburger Ausgabe in 14 Bänden. Hg. von Erich Trunz. München 13. Aufl. 1982.
Paul Celan: Die Gedichte. Kommentierte Gesamtausgabe in einem Band. Hg. und kommentiert von Barbara Wiedemann. Frankfurt a. M. 2003.
Peter Rühmkorf: agar agar – zaurzaurim. Zur Naturgeschichte des Reims und der menschlichen Anklangsnerven. Reinbek bei Hamburg 1981.
Peter Rühmkorf: Der Reim und seine Wirkung. Bausteine zu einer Poetologie des Alltagslebens. In: Akzente 27 (1980), S. 385–404.

Forschungsliteratur

Heinrich Detering: Rhetorik und Semantik lyrischer Formen. In: Dieter Lamping (Hg.): Handbuch Lyrik. Theorie, Analyse, Geschichte. Stuttgart 2. Auflage 2016, S. 73–83.
Boris Eichenbaum: Die Theorie der formalen Methode. In: Ders.: Aufsätze zur Theorie und Geschichte der Literatur. Ausgewählt und aus dem Russischen übersetzt von Alexander Kaempfe. München 1965, S. 7–52.
Jörg-Ulrich Fechner (Hg.): Das deutsche Sonett. Dichtungen, Gattungspoetik, Dokumente. München 1969.
Wolfgang Kayser: Kleine deutsche Versschule. Bern, München 20. Auflage 1980.
Herbert Kraft: Strukturen der Lyrik. In: Joachim Krause u. a. (Hg.): Sammeln und Sichten. Festschrift für Oskar Fambach zum 80. Geburtstag. Bonn 1982, S. 324–341.
Dieter Lamping: Probleme der Reimpoetik im 20. Jahrhundert. In: Wirkendes Wort 35 (1985), S. 283–293.
Dieter Lamping: Über die Anfänge von Brechts Lyrik in freien Versen. In: Wirkendes Wort 40 (1990), S. 67–73.
Dieter Lamping: Das lyrische Gedicht. Definitionen zu Theorie und Geschichte der Gattung. Göttingen 3. Aufl. 2000.
Dieter Lamping: Methoden der Lyrikinterpretation. In: Dieter Lamping (Hg.): Handbuch Lyrik. Theorie, Analyse, Geschichte. Stuttgart 2. Auflage 2016, S. 38–48.
Jurij Lotman: Die Struktur des künstlerischen Textes. Hg. und mit einem Nachwort und einem Register von Rainer Grübel. Frankfurt a. M. 1973.

Hartwig Schultz: Form als Inhalt. Vers- und Sinnstrukturen bei Joseph von Eichendorff und Annette von Droste-Hülshoff. Bonn 1981.
Jurij Tynjanov: Das Problem der Verssprache. Zur Semantik des poetischen Textes. Aus dem Russischen übersetzt und eingeleitet und mit einem Register von Inge Paulmann. München 1977.

Über das Vergleichen von Gedichten

Inhaltsverzeichnis

1 Die literaturwissenschaftliche Kritik des Vergleichens von Gedichten 25
2 Die Logik des Vergleichens, auch von Gedichten 27
3 Die klassische Art des Vergleichs 28
Literatur 29

1 Die literaturwissenschaftliche Kritik des Vergleichens von Gedichten

Ein Gedicht ist, wie jedes Kunstwerk, auch jedes sprachliche, ein einzigartiges Gebilde: Kein anderes ist mit ihm vollständig identisch. Diese Behauptung verdient, im Zusammenhang dieser Einführung, nicht nur von ihrem Inhalt, sondern auch von ihrer Art her Beachtung. Als ein theoretischer Satz ist sie eine allgemeine Feststellung über etwas Einmaliges, die einen Vergleich voraussetzt. Sie bedient sich damit eines Verfahrens, das in der Literaturwissenschaft, zumal in der Lyrikforschung lange umstritten war (vgl. dazu im Folgenden auch Lamping 2007) und deshalb einer zumindest kurzen Erörterung bedarf.

Der individuelle Charakter jedes literarischen Werks wirft die Frage auf, wie man wissenschaftlich mit Kunst-Gebilden, die es alle nur einmal gibt, umgehen kann und sollte. Auf diese Frage hat es lange Zeit in der Philologie vor allem die eine entschiedene Antwort gegeben: indem man sie nicht vergleicht. Für Gedichte ist diese Regel mit besonderem Nachdruck aufgestellt worden, weil sie vielen als Inbegriff künstlerischer, zumal literarischer Individualität gelten.

In seinem einflussreichen *Traktat über philologische Erkenntnis*, zuerst 1962 erschienen, dann wiederabgedruckt 1967 in seinen *Hölderlin-Studien*, schreibt Peter Szondi, ein Kunstwerk

> verlangt es, daß es nicht verglichen werde. Dieses Verlangen gehört als Absolutheitsanspruch zum Charakter jedes Kunstwerks, das ein Ganzes, ein Mikrokosmos sein will, und die Literaturwissenschaft darf sich darüber nicht einfach hinwegsetzen, wenn ihr Vorgehen ihrem Gegenstand angemessen, das heißt wissenschaftlich sein soll. (Szondi 1967, 21)

Literaturwissenschaft ist für Szondi wesentlich – also vielleicht nicht vollständig, aber in ihrem Kern – Philologie, ihr Ziel ist, mit Schelling zu sprechen, den Szondi eingangs zitiert, das „vollkommene Verstehen einer Rede oder Schrift" (ebd., 9). Dem Philologen geht es um „das Unicum, das Beispiellose" (ebd., 19). Das schließt für Szondi Vergleiche nicht ganz aus, als Hilfsmittel etwa der Parallelstellen- oder der Lesarten-Methode. Im Letzten muss der Vergleich jedoch ein literarisches Kunstwerk verfehlen. Denn Kunstwerke sind für Szondi nicht „Exemplare", sondern immer „Individuen" (ebd., 20), denen nur das Verstehen angemessen ist.

Die Ablehnung des Vergleichens ist ein Dogma der Werkimmanenten Interpretation. Die Kritik, im Namen der Individualität der Texte vorgebracht, impliziert, dass Vergleichen immer etwas Gleichmachendes habe, auf ein Verwischen von Unterschieden hinauslaufe, die jedes Besondere ausmachen. Deshalb beschwört es Szondi zufolge auch für den Literaturwissenschaftler die Gefahr herauf, nicht nur seinen Gegenstand, sondern auch seine Wissenschaft zu verfehlen.

Diese Position mag inzwischen überholt sein. Literaturwissenschaft versteht sich längst nicht mehr als eine ausschließlich interpretierende Wissenschaft, und spätestens mit Walther Killys *Elementen der Lyrik* hat auch der Vergleich Einzug in die Lyrik-Theorie gehalten (vgl. Killy 1972, 1–4). Schon deshalb mag es nützlich sein, sich der Logik des Verstehens wie der des Vergleichens zu vergewissern.

Das Verstehen eines einzelnen Werks ist grundlegend für eine hermeneutische Literaturwissenschaft als individualisierende „Kunstwissenschaft" (Szondi 1967, 30). Deren Berechtigung kann kaum bezweifelt werden. Bis heute wird Individualität als ästhetischer Wert von Literatur angesehen. Das ist nicht nur ein spätes, lange nachhallendes Echo der Genie-Ästhetik, sondern in der Sache selber begründet. Problematisch ist jedoch die Behauptung vom ‚Absolutheitscharakter' jedes Kunstwerks – und die Schlussfolgerung, dass es verlange, nicht verglichen zu werden. Das eine wie das andere ist nicht haltbar.

Das Vergleichen literarischer Werke ist keine Erfindung der Literaturwissenschaft. Es ist vielmehr schon Teil der literarischen Produktion, wie Peter Brockmeier nachgewiesen hat:

> Ohne den Vergleich mit dem Hergebrachten kann das Neue nicht ästhetisch beurteilt werden. Das Vergleichen begründet die Geschichte der Literatur, insofern die Schriftsteller einen Wettstreit mit ihren Vorgängern oder auch mit einer oder mehreren Sprachen und Literaturen ausgetragen haben (Brockmeier 2003, 353).

Gedichte wie generell literarische Kunstwerke werden nicht nur verglichen; sie vergleichen – sich – selbst. Mit ihrem ‚Absolutheitscharakter' ist es nicht immer weit her. Es gibt tatsächlich zahllose Gedichte, die für sich nicht beanspruchen können und wollen, vollkommen einzigartig zu sein. Dazu zählen nicht nur Übersetzungen, sondern schon Gedichte, die von ihren Verfassern mit Gattungsnamen betitelt werden – wie ‚Lied' oder ‚Ode', ‚Sonett' oder ‚Epitaph'. Sie alle ordnen sich einer Gattung zu; die Zugehörigkeit zu ihr ist ihr *tertium comparationis*.

Es gibt außerdem Gedichte, die sich gleichfalls bereits im Titel als beziehungsreich ausweisen. Sie stellen Verbindungen zu anderen Gedichten oder Dichtern her – durch Formulierungen wie *After Ch'u Yuan* (Ezra Pound), *Beim Lesen des Horaz* (Bertolt Brecht), *Auf eine Weise des Freiherrn von Eichendorff* (Peter Rühmkorf) oder *Da Orazio* (Giorgio Bassani). Solche Gedichte sind wesentlich intertextuell: Sie beziehen sich auf Texte anderer Autoren, die sie zum Beispiel imitieren oder parodieren, referieren oder kommentieren.

Offensichtlich fordern sie den Leser auf, zu vergleichen – die eigene Formulierung mit der eines anderen Autors, den eigenen Vers mit dem eines anderen. Sie sind Belege für die formalistische Erkenntnis, dass Literatur – nicht immer, aber immer wieder – aus Literatur entsteht. Im Gegensatz zu Peter Szondi kann man also die Behauptung aufstellen, dass manche Kunstwerke es gerade verlangen, verglichen zu werden.

2 Die Logik des Vergleichens, auch von Gedichten

Doch selbst wenn Gedichte es nicht nahelegen, sie mit anderen in Beziehung zu setzen, ist es legitim, sie zu vergleichen, nicht zuletzt wenn es um die Frage geht, was an ihnen einmalig und was gattungstypisch ist. Das lässt sich an Georg Simmels Urteil über ein Gedicht zeigen, das er in seinem Goethe-Buch ausführlich würdigt, seiner Individualität wegen:

> Ein Gedicht wie: „Warum gabst du uns die tiefen Blicke" – ist ein absolutes Novum in der Geschichte des menschlichen Ausdrucks; daß derartig letzte Intimitäten des Gefühls dichterisch und darum ohne jede Verletzung der Scham herausgestellt werden, zeigt mit eins ungeahnte Möglichkeiten der Objektivierung dessen, was man bisher nur für subjektiv möglich hielt. (Simmel 1918, 174)

Simmel bezieht sich auf den existenziellen Charakter des Gedichts, der schon in den Fragen der ersten Verse deutlich ist:

> Warum gabst du uns die tiefen Blicke,
> Unsre Zukunft ahndungsvoll zu schaun,
> Unsre Liebe, unserm Erdenglücke
> Wähnend selig nimmer hinzutraun?
>   (Goethe 1982, I, 122)

Simmels Buch ist der Werkimmanenten Schule methodisch vergleichbar in dem Bemühen um eine Erkenntnis künstlerischer Individualität. Bemerkenswert ist, wie er sein Urteil über Goethes Gedicht als „absolutes Novum" begründet. Dabei geht er von dem sentenzartigen Charakter mancher Verse des nach seiner Ansicht einmaligen Gedichts aus:

> Nicht anders ist es mit einer Reihe von Sentenzen über das innerste Leben, die vom Werther an seine [d.i. Goethes, D.L.] Schriften durchziehen. Hier scheinen freilich die französischen Moralisten, besonders Larochefoucauld, ihm vorangegangen zu sein. Genau angesehen aber halten diese sich in der Sphäre des Geistreichen, es ist, trotz aller treffenden Wahrheit, nicht soviel Realität darin, weil man fühlt, dass nicht eine Tiefe und Breite, aus der es geholt ist, sondern die Pointe, zu der es sich erhoben hat, den eigentlichen Interessenpunkt des Denkers bildet. Im äußersten Gegensatz hierzu kommt es Goethe allein auf den Erlebnisinhalt an, und daß dieser zu der Form der Sentenz kristallisiert, geschieht sozusagen von selbst, durch ein organisches Wachstum des Vorgangs innerhalb der Seele. Die Hauptsache aber ist, daß bei jenen Franzosen alles nur psychologisch gemeint ist, allenfalls einer, nicht besonders tiefen, ethischen Wertung unterliegt. Bei Goethe aber spürt man stets den großen Zusammenhang, den das Seelische nicht nur psychologisch, d. h. als die Verknüpftheit der Inhalte des Bewußtseins besitzt, sondern als Daseiendes und Geschehendes mit allem Dasein und Geschehen, als Weltelement mit der Welt. (Simmel 1918, 174)

Ein Emil Staiger hätte Simmel vielleicht vorgehalten, dass er Goethes Gedicht nicht nur mit Sätzen aus dem *Werther* vergleicht – was für ihn letztlich vielleicht noch angehen mag –, sondern auch mit Maximen und Reflexionen der Französischen Moralisten, also mit Prosatexten aus einer anderen Literatur und einer anderen Zeit. Doch das ist methodisch kaum zu beanstanden. Denn Simmel will nicht Gemeinsamkeiten, sondern Unterschiede aufweisen: Dafür bedient er sich des Vergleichs.

Das macht auf das grundlegende logische und methodologische Problem aufmerksam: wie man ein Besonderes erkennen und beschreiben kann, wenn man nicht das Allgemeine kennt. Das Individuum lässt sich von einem Exemplar nur unterscheiden, wenn man das eine mit dem anderen vergleicht. Allen Urteilen über das Besondere wie das Allgemeine ist ein Vergleich zumindest impliziert. Doch nicht nur die Bestimmung einer Individualität bedarf eines komparativen Verfahrens. Auch die Verallgemeinerungen einer Theorie, sofern sie empirisch ist, gründen sich auf Vergleiche. Das, nicht zuletzt, unterscheidet eine generalisierende von einer individualisierenden Literaturwissenschaft.

3 Die klassische Art des Vergleichs

Die Funktion des Vergleichens besteht Leibniz zufolge darin, zu „betrachten, worin zwei Dinge übereinstimmen und worin sie verschieden sind, so dass aus der Erkenntnis des einen das andere erkannt werden kann" (zit. nach Schenk/Krause 2001, 677). Nach *Grimms Wörterbuch* bedeutet das ältere, inzwischen kaum mehr gebräuchliche Substantiv Vergleichung: „nebeneinanderstellung zweier ähnlicher dinge behufs gleichstellung oder behufs kritischer hervorhebung der ähnlichkeiten und unähnlichkeiten" (Art. Vergleichung, 459). Simmels ‚Vergleichungen' leisten genau das, und insofern sind sie geradezu klassische Vergleiche, wie sie in der Komparatistik üblich sind.

Viktor Zirmunskij hat festgehalten, „der Vergleich, d. h. die Feststellung von Ähnlichkeiten und Unterschieden" bleibe „bis zum heutigen Tag die grundlegende Methode jeder wissenschaftlichen Arbeit":

> Die Gegenüberstellung zerstört in keiner Weise die besondere Eigenart des untersuchten Phänomens, ganz gleich ob es sich um ein individuelles, ein nationales oder historisches handelt. Sie ist vielmehr der einzige Weg, auf dem man feststellen kann, worin diese besondere Eigenart liegt. (Zirmunskij 1973, 104–105)

Auch eine empirische Literaturtheorie kann in ihren Verallgemeinerungen auf den Vergleich als elementares Mittel der ‚Feststellung von Ähnlichkeiten und Unterschieden' nicht verzichten.

Das gilt gleichfalls für die Theorie des Gedichts. Wenn sie die allgemeine Behauptung aufstellt, Gedichte seien individuell, dann ist das nicht ein Widerspruch zwischen Behauptung und Behauptetem. Der Satz bezeichnet nicht ein Einzelnes, sondern ein Allgemeines. Dass Gedichte individuell sind, macht sie einander ähnlich. Dadurch sind sie vergleichbar, aber nicht gleich: Jedes ist auf seine Weise ein Individuum. Die Feststellung ihrer Individualität ist somit zu ergänzen um die andere Feststellung, dass ihre Individualität in einer je eigenen Mischung aus Ähnlichkeit und Un-Ähnlichkeit besteht. Ähnlich sind sich Gedichte in ihrer gemeinsamen Teilhabe an der Gattung, nämlich als Rede in Versen, unähnlich schon in ihrer Gestalt: ihrer je besonderen Anordnung von Wörtern. Das eine wie das andere ist tatsächlich nur durch den Vergleich zu erkennen. Das mag nicht immer offensichtlich sein, weil der Vergleich den Behauptungen in der Regel nur impliziert ist. Erst die methodologische Reflexion macht ihn kenntlich und seine Berechtigung deutlich, in der Theorie wie in der Interpretation.

Literatur

Textausgaben

Johann Wolfgang Goethe: Werke. Kommentare und Register. Hamburger Ausgabe in 14 Bänden. Hg. von Erich Trunz. München 13. Aufl. 1982.

Forschungsliteratur

Art. Vergleichung. In: Deutsches Wörterbuch von Jacob und Wilhelm Grimm. Band 25 (12. Band 1. Abteilung): V–Verzwunzen. Bearbeitet von E. Wülcker u. a. München 1984, S. 458–460.
Peter Brockmeier: Der Vergleich in der Literaturwissenschaft. In: Hartmut Kaelble und Jürgen Schriewer (Hg.): Vergleich und Transfer. Komparatistik in den Sozial-, Geschichts- und Kulturwissenschaften. Frankfurt a. M., New York 2003, S. 351–366.
Walther Killy: Elemente der Lyrik. München 1972.
Dieter Lamping: Vergleichende Textanalysen. In: Thomas Anz (Hg.): Handbuch Literaturwissenschaft. Band 2: Theorien und Methoden. Stuttgart, Weimar 2007, S. 216–224.
Günter Schenk, Andrej Krause: Vergleich. In: Joachim Ritter u. a. (Hg.): Historisches Wörterbuch der Philosophie. Band 11: U–V. Darmstadt 2001, S. 676–680.

Georg Simmel: Goethe. Leipzig 3. Auflage 1918.
Peter Szondi: Hölderlin-Studien. Mit einem Traktat über philologische Erkenntnis. Frankfurt a. M. 1967.
Viktor Zirmunskij: Die literarischen Strömungen als internationale Erscheinungen. In: Horst Rüdiger (Hg.): Komparatistik. Aufgabe und Methoden. Stuttgart, Berlin, Köln, Mainz 1973, S. 104–126.

Probleme der Lyriktheorien

Inhaltsverzeichnis

1 Die Subjektivitäts-Theorie der Lyrik 31
2 Additive Theorie 33
3 Sprachtheorie 33
4 Formtheorie 35
5 Konsequenzen 35
Literatur 36

1 Die Subjektivitäts-Theorie der Lyrik

Auf die Frage, was ein lyrisches Gedicht ist, gibt es mehr Antworten als auf die, was ein Gedicht sei (vgl. dazu im Folgenden ausführlicher Lamping 2000a, 55–59, außerdem Lamping 2007, 139–144 sowie Lamping 2010). Schon die Poetik und die Philosophie haben die Lyrik zu ihrem Gegenstand gemacht, wenn auch nicht immer unter diesem Namen (vgl. Völker 1990). Die wissenschaftliche Theorie, die aus der philosophischen hervorging, ist jedoch mehr und mehr in eine Schieflage geraten. Was unter Lyrik zu verstehen sei, ist zunehmend unklar geworden und theoretisch auch nicht immer angemessen reflektiert worden.

Lange Zeit bestand weitgehend Konsens darüber, was ein lyrisches Gedicht sei. Weitgehend unangefochten galt seit dem 19. Jahrhundert die Subjektivitäts-Theorie, wie sie Hegel formuliert hat. In seinen *Vorlesungen zur Ästhetik* hat er die Lyrik durch „das betrachtende, empfindende Gemüt" bestimmt, „das, statt zu Handlungen fortzugehen, bei sich als Innerlichkeit stehenbleibt und sich deshalb auch das Sich*aussprechen* des Subjekts zur einzigen Form und zum letzten Ziel nehmen kann" (Hegel 1986, 322). Hegel hat mit der Rede vom Subjekt, von Gemüt, Innerlichkeit und Selbstaussprache auch für lange Zeit die Begrifflichkeit der Lyrik-Theorie geprägt, deren Verwendung sich allerdings immer weiter von seiner entfernt hat.

Die Subjektivitäts-Theorie ist um die Mitte des 20. Jahrhunderts in die Krise geraten, und zwar vor allem durch ihre Neuformulierung in Emil Staigers lange Zeit einflussreichen *Grundbegriffen der Poetik*, die ihre Geltung erheblich eingeschränkt hat. Grundlegend für seine Theorie ist die Unterscheidung zwischen einem Stilbegriff des ‚Lyrischen' und einem Gattungsbegriff der ‚Lyrik'. Lyrische Dichtungen, auf die Staiger den Akzent legt, sind liedhaft-musikalische Gedichte, die mit seinen Worten „getragen von Wogen des Gefühls" (Staiger 1956, 71), „zwar seelenvoll, aber geistlos" (ebd., 81) sind. Dieses Verständnis von Lyrik hat Staiger wesentlich aus einer eindringlichen Interpretation von Goethes *Wanderers Nachtlied* (*Ein Gleiches*) hergeleitet.

Ein solcher Begriff vermag offensichtlich nur *einen* Typus lyrischer Gedichte zu erfassen, den Staiger Stimmungsgedichte genannt hat. Gedankengedichte, soziale und politische Lyrik, selbst Erlebnisgedichte sind für ihn dagegen nicht lyrisch. Sein Begriff kann also nicht annähernd abdecken, was üblicherweise unter Lyrik verstanden wird. Um dieses Problem wenigstens abzuschwächen, hat er neben dem Stil- einen Gattungsbegriff von Lyrik „nach äußeren Merkmalen" (ebd., 9) eingeführt: als Sammelbegriff für alle „Gedichte kleineren Umfangs" (ebd., 231), etwa „Balladen, Lieder, Hymnen, Oden, Sonette, Epigramme" (ebd., 8). Lyrisch sind sie für ihn jedoch nicht unbedingt; lyrisch ist für ihn das Lied.

Ob lyrische Lieder nun aber eine echte Teilmenge der Lyrik bilden, bleibt offen: Den Zusammenhang zwischen dem Gattungsbegriff der Lyrik und dem Stilbegriff des Lyrischen hat Staiger nicht dargelegt. Die Einführung eines zweiten Lyrik-Begriffs hat zur Folge, dass die beiden Ausdrücke ‚Lyrik' und ‚lyrisch' verschiedene Bedeutungen haben – entgegen dem üblichen Sprachgebrauch.

Das ist nicht die einzige Kritik, die an Staigers Theorie vorgebracht worden ist. Die historische Reichweite seines Begriffs des Lyrischen ist offensichtlich begrenzt: beinahe ausschließlich auf die Lyrik der Epoche, die in Deutschland als Klassik und Romantik bezeichnet wird. Was „Rein" (ebd., 241) lyrisch im Sinn seiner Definition ist, hat Staiger erklärt, hat er in „romantischen Liedern" (ebd., 243), in „Liedern, die Goethe gedichtet, und andern Liedern, die diesen ähnlich sind" (ebd.), gefunden.

Die Geltung dieses Lyrik-Begriffs ist zumal für die Antike, das Mittelalter und die frühe Neuzeit bestritten worden – und mit besonderem Nachdruck für die Moderne (vgl. Lamping 2000b, 235–236). Schon Mitte der 1950er Jahre hat Hugo Friedrich in seinem Buch *Die Struktur der modernen Lyrik* betont, dass die Poesie seit der Mitte des 19. Jahrhunderts „einer an der romantischen Poesie abgelesenen (und sehr zu Unrecht verallgemeinerten) Bestimmung" der Lyrik als „Sprache des Gemüts, der persönlichen Seele" (Friedrich 1967, 16) nicht mehr entspreche. Die moderne Lyrik, so Friedrich weiter, „sieht ab von der Humanität im herkömmlichen Sinne, vom ‚Erlebnis', vom Sentiment, ja vielfach sogar vom persönlichen Ich des Dichters" (ebd., 17). Friedrich bezog sich dabei auf Texte aus der Anfangszeit der Moderne, vor allem auf Gedichte von Charles Baudelaire, Arthur Rimbaud und Stéphane Mallarmé. Auch Jürgen Söring hat darauf hingewiesen, dass späteren experimentellen Formen der modernen Lyrik vor allem „das Eine gemeinsam" sei, „dass sie das Subjekt als scheinbar herkömmliche Voraussetzung der Lyrik wenigstens tendenziell ausschließen" (Söring 1980, 245; vgl. außerdem Conrady 1994). Spätestens mit dem Aufkommen moderner Lyrik war die Subjektivitäts-Theorie objektiv überholt.

2 Additive Theorie

Auch wenn es Versuche gibt, den Begriff der Stimmung für die Lyrik-Theorie wiederzubeleben (vgl. Müller 1995, außerdem Meyer-Sickendiek 2012, auch Reents 2015, insbes. 438–449), gilt Staigers ‚Poetik' des Lyrischen doch längst als unzureichend und mit ihr die Subjektivitäts-Theorie im Ganzen (vgl. Lamping 2000b, 236–237). Das hat eine Neuorientierung nötig gemacht, und zwar gleich in mehrerer Hinsicht. Die Lyrik-Theorie musste nicht nur andere Kriterien entwickeln, sondern auch neue Methoden. Dabei löste sie sich von der philosophischen und wurde zunehmend technische Theorie. Vor allem drei Positionen sind für die Zeit bis Ende der 1980er Jahre zu unterscheiden: die additive Theorie, die Sprachtheorie und die Formtheorie (vgl. dazu auch Lamping 2000a, 55–59).

Anfang der 1970er Jahre hat schon Walther Killy – ähnlich wie Herbert Kraft (vgl. Kraft 1982) – versucht, lediglich einige „überdauernde Elemente" lyrischer Gedichte als wiederkehrende „Grundmuster" (Killy 1972, 3) zu beschreiben, zu der etwa „Natur", „Addition, Variation, Summation", „Mythologie", „Stimmung", „Maske" und „Kürze" gehören. Killys Entwurf besitzt einen literarischen Horizont, der dem Staigers fehlte: Er beginnt mit dem Sonnengesang eines australischen Stammes und endet mit einem Gedicht von Ezra Pound. Dazwischen finden sich zahlreiche subtile Einzelanalysen.

Die Relevanz der von Killy aufgeführten ‚Elemente' ist allerdings fraglich. Problematisch ist nicht nur ihre bloße Reihung. Seinem Modell liegt ein logischer Widerspruch zugrunde: Ohne einen Begriff von Lyrik lassen sich auch keine ‚Elemente der Lyrik' bestimmen. Ihr Status bleibt deshalb notwendig unklar. Ob ‚überdauernd' ständig oder oft oder nur gelegentlich wiederkehrend heißt, zu einem lyrischen Gedicht also immer oder nur häufig gehörig, entscheidet Killy nicht. Durch die einfache Addition von Merkmalen lässt sich aber kaum ein Begriff von Lyrik entwickeln.

3 Sprachtheorie

Gleichfalls gegen die überkommene Subjektivitäts-Theorie gerichtet ist die Sprachtheorie der Lyrik, die verschiedene Ausformulierungen gefunden hat. Als eine Sprachtheorie hat schon Käte Hamburger ihre *Logik der Dichtung* angelegt. Sie unterscheidet zwischen dem System der Fiktion, das epische, dramatische und filmische Fiktion umfasst, und dem System der „Aussage eines Aussagesubjekts über ein Aussageobjekt" (Hamburger 1980, 37). Lyrische Aussage bildet nach Hamburger „keinen Objekt- und d. h. auch keinen Mitteilungszusammenhang", „sondern etwas anderes, das wir als *Sinnzusammenhang* bezeichnen" (ebd., 220). In der Lyrik werde die Aussage „aus dem Objektpol fort in die Sphäre des Subjektpols hineingezogen" (ebd.), „gelenkt von dem Sinn, den das lyrische Ich" (ebd.) ausdrücken wolle. Das Objekt sei „nicht Ziel, sondern Anlaß" (ebd., 234) der Aussage. Dies bedeute, dass „die lyrische Aussage keine Funktion in einem Objekt- oder Wirklichkeitszusammenhang haben will" (ebd., im Original kursiv). Die „Beschaffenheit des lyrischen Ich" (ebd., 243) beschreibt Hamburger mit dem Begriff des Erlebnisses; dessen Eigenart spitzt sie in der Formulierung zu: „das lyrische Aussagesubjekt macht nicht das Objekt des Erlebnisses, sondern das Erlebnis des Objekts zu seinem Aussageinhalt" (ebd., 244).

Käte Hamburgers Aussagetheorie hat sich nicht vollständig von der Subjektivitäts-Theorie der Lyrik gelöst, zu der noch ihre zentrale Kategorie des Erlebnisses gehört, auch wenn sie ihn mit Husserl erweitert. Anders als Staiger berücksichtigt sie aber auch moderne Lyrik, so dass ihre Theorie eine größere historische Reichweite besitzt. Gleichwohl gelten die Vorbehalte gegen die Subjektivität-Theorie grundsätzlich auch noch für sie. Ob sie aber den Anspruch einlösen kann, Lyrik als „rein sprachkünstlerisches Phänomen" (ebd., 206) zu beschreiben, ist fraglich: Eine spezifisch lyrische Besonderheit, die dem von ihr zuerst beschriebenen epischen Präteritum vergleichbar wäre, weist sie nicht nach.

Die Sprachtheorie der Lyrik entfernte sich zunehmend von der Subjektivitäts-Theorie. Den Anfang setzte die klassisch-strukturalistische Definition der Lyrik durch die emotive oder expressive Funktion, die Roman Jakobson in seinem berühmten Vortrag *Linguistik und Poetik* statuiert hat. Sie gipfelt in der einsilbigen und nicht ganz klaren Feststellung: „Lyrik, die sich an die erste Person richtet, ist eng mit der emotiven Funktion verbunden" (Jakobson 1979, 94). Kennzeichen der emotiven Funktion sei es, „die Haltung des Sprechers zum Gesprochenen unmittelbar zum Ausdruck" (ebd., 89) zu bringen. Es fällt schwer, in dieser Definition mehr zu erkennen als die linguistische Neuformulierung der alten Theorie von der Lyrik als Selbstaussprache (vgl. auch Lamping 2007, 143).

Eine Sprachtheorie der Lyrik als Abweichungspoetik hat Harald Fricke in seinem Buch *Norm und Abweichung* entwickelt. Sie ist der Versuch, Lyrik neu zu definieren durch sprachliche Abweichungen „im umfassend verstandenen Bereich der Grammatik als Inbegriff der Normebenen von Phonetik, Phonemik, Graphemik, Morphologie und Syntax" (Fricke 1981, 116). Diese Definition überdehnt jedoch den Begriff der Lyrik. Durch grammatische Abweichungen von der – von ihm nicht genau bestimmten – Normalsprache sind auch Prosatexte gekennzeichnet. Fricke hat selbst exemplarisch auf die Romane Arno Schmidts verwiesen, dessen ‚Verschreibkunst' er wortspielerisch, wenig überzeugend, als lyrisch charakterisiert (vgl. ebd., 131). Das Beispiel verrät vor allem, wie weit sich sein Lyrikbegriff im System der Abweichungspoetik vom üblichen Sprachgebrauch entfernt.

4 Formtheorie

Den zweiten Versuch, den Befangenheiten der Subjektivitäts-Theorie zu entrinnen, stellt die Form-Theorie dar, die lyrische Texte wesentlich durch ihre Vers-Form definiert, wie es etwa Karl Otto Conrady in seinem *Kleinen Plädoyer für Neutralität der Begriffe Lyrik und Gedicht* (vgl. dazu Lamping 2007) getan hat. Dabei folgt er dem Grundsatz: „die Theorie einer Gattung muß so gefaßt sein, daß Aussperrungen vermieden werden" (Conrady 1994, 49). Conradys Minimaldefinition ist noch kürzer als die hier entwickelte. Sie besteht in dem einen lapidaren Satz: „Zur Lyrik gehören alle Gedichte" (ebd.). Eine Unterscheidung etwa zwischen ‚lyrischen' oder ‚dramatischen' Gedichten nimmt Conrady theoretisch nicht vor (praktisch in seinem *Großen deutschen Gedichtbuch* aber sehr wohl). Was ein Gedicht sei, lässt er den jeweiligen Autor entscheiden, weil es „nach Verabschiedung der normativen Poetik vor weit über 200 Jahren nicht die Gattungstheoretiker sein können, die die Erlaubnis für den Zutritt zu einer der drei ‚Großgattungen' erteilen, sondern daß es die Urheber der Werke (die ‚Primärautoren') sind, die darüber zu befinden haben" (ebd., 50).

Conradys Theorie verrät eine kritische Haltung zur Theorie. Seine Rede von ‚Aussperrungen' oder der Erteilung eines ‚Zutritts' zu einer Gattung verkennt den empirischen Charakter theoretischer Arbeit. Definitionen sind Differenzierungen, keine Diskriminierungen. Wie Fricke entfernt sich auch Conrady vom überkommenen Sprachgebrauch. Sein Bemühen, normative Urteile zu vermeiden, führt ihn zu einer extensionalen Definition, die als Lyrik gelten lässt, was so – vom Autor – genannt wird. Die Entscheidung darüber, was Lyrik sei, überlässt er den Lyrikern (vgl. ausführlicher Lamping 2000b, 239–241).

5 Konsequenzen

Keine der nach Staigers ‚Poetik' und durchweg gegen sie entwickelten neueren Theorien hat einen ihrem Gegenstand angemessenen Begriff zu formulieren vermocht. Jede weist methodologische oder sachliche Probleme auf, die nicht zuletzt ein unklares Verständnis von Lyrik verraten. Aus ihren Problemen sind vor allem drei Konsequenzen für nachfolgende Versuche zu ziehen gewesen:

Eine Begriffsbestimmung muss *erstens* weit gefasst sein, um der Vielfalt der Lyrik entsprechen zu können, zudem auch trennscharf, um Verwechslungen mit anderen als lyrischen Gedichten zu vermeiden; auf keinen Fall darf ihre Geltung auf eine Literatur oder eine Epoche beschränkt sein.

Eine angemessene Begriffsbestimmung kann *zweitens* nur die grundlegenden Gemeinsamkeiten lyrischer Gedichte anführen; sie ist deshalb wie die Theorie des Gedichts als Minimaldefinition anzulegen.

Eine Definition der Lyrik kann *drittens* nicht mehr an die Subjektivitäts-Theorie anschließen, und sie muss zugleich die Einseitigkeiten der Sprach- und der Form-Theorien vermeiden, indem sie in der Sache auf neue Kriterien zurückgreift.

Ein Versuch, diese Einsichten umzusetzen, ist die Theorie des lyrischen Gedichts.

Literatur

Karl Otto Conrady: Kleines Plädoyer für Neutralität der Begriffe Lyrik und Gedicht. In: Joseph Kohnen, Hans-Joachim Solms, Klaus-Peter Wegera (Hg.): Brücken schlagen... ‚Weit draußen auf eigenen Füßen'. Festschrift für Fernand Hoffmann. Frankfurt a. M. u. a. 1994, S. 35–57.

Harald Fricke: Norm und Abweichung. Eine Philosophie der Literatur. München 1981.

Hugo Friedrich: Die Struktur der modernen Lyrik. Von der Mitte des neunzehnten bis zur Mitte des zwanzigsten Jahrhunderts. Erweiterte Neuausgabe. Hamburg 1967.

Käte Hamburger: Logik der Dichtung. Ungekürzte Ausgabe nach der 3. Aufl. 1977. Frankfurt a. M. u. a. 1980.

Georg Wilhelm Friedrich Hegel: Werke in 20 Bänden. Auf der Grundlage der Werke von 1832–1845 neu edierte Ausgabe. Redaktion Eva Moldenhauer und Karl Markus Michel. Band 15: Vorlesungen über die Ästhetik 3. Frankfurt a. M. 1986.

Roman Jakobson: Linguistik und Poetik. In: Ders.: Poetik. Ausgewählte Aufsätze 1921–1971. Hg. von Elmar Holenstein und Tarcisius Schelbert. Frankfurt a. M. 1979, S. 83–121.

Walther Killy: Elemente der Lyrik. München 1972.

Herbert Kraft: Strukturen der Lyrik. In: Joachim Krause u. a. (Hg.): Sammeln und Sichten. Festschrift für Oskar Fambach zum 80. Geburtstag. Bonn 1982, S. 324–341.

Dieter Lamping: Das lyrische Gedicht. Definitionen zu Theorie und Geschichte der Gattung. Göttingen 3. Aufl. 2000a.

Dieter Lamping: Moderne Lyrik als Herausforderung der Lyrik-Theorie. In: Ernst Rohmer u. a. (Hg.): Texte Bilder Kontexte. Interdisziplinäre Beiträge zu Literatur, Kunst und Ästhetik der Neuzeit. Heidelberg 2000b, S. 229–242.

Dieter Lamping: Lyrikanalyse. In: Thomas Anz (Hg.): Handbuch Literaturwissenschaft. Band 2: Theorien und Methoden. Stuttgart, Weimar 2007, S. 139–155.

Dieter Lamping: Theorien der Lyrik. In: Rüdiger Zymner (Hg.): Handbuch Gattungstheorie. Stuttgart, Weimar 2010, S. 270–273.

Burkhard Meyer-Sickendiek: Lyrisches Gespür. Vom geheimen Sensorium moderner Poesie. München 2012.

Wolfgang G. Müller: Das Problem der Subjektivität der Lyrik und die Dichtung der Dinge und Orte. In: Ansgar Nünning (Hg.): Literaturwissenschaftliche Theorien, Modelle und Methoden. Eine Einführung. Trier 1995, S. 93–105.

Friederike Reents: Stimmungsästhetik. Realisierungen in Literatur und Theorie vom 17. bis ins 21. Jahrhundert. Göttingen 2015.

Jürgen Söring: ‚Die Apriorität des Individuellen über das Ganze'. Von der Schwierigkeit, ein Prinzip der Lyrik zu finden. In: Schiller-Jahrbuch 24 (1980), S. 205–246.

Emil Staiger: Grundbegriffe der Poetik. Zürich 3. Aufl. 1956.

Ludwig Völker (Hg.): Lyriktheorie. Texte vom Barock bis zur Gegenwart. Stuttgart 1990.

Theorie des lyrischen Gedichts

Inhaltsverzeichnis

1 Voraussetzungen. 37
2 Einzelrede, Wechselrede, vermittelnde Rede. 38
3 Die Pluralität der Lyrik 39
4 Die Komplexität der Lyrik. 44
5 Die Komplexität eines lyrischen Gedichts. 46
6 Grenzen und Übergänge. 49
Literatur 54

1 Voraussetzungen

Die Theorie des lyrischen Gedichts basiert im Wesentlichen auf zwei Voraussetzungen: auf der einen, dass es nur zwei Formen von Rede gibt, Vers und Prosa, und auf der anderen, dass es nur drei Strukturen der Rede gibt (vgl. ausführlicher Lamping 2000, 61–68), deren eine die Einzelrede darstellt. Dementsprechend bestimmt sie das lyrische Gedicht als Einzelrede in Versen.

Lyrisch ist nur eine bestimmte Art der Versrede. Es gibt auch Gedichte, die nicht lyrisch sind. Die Versform ist grundsätzlich nicht an eine Gattung gebunden. Sie findet sich vielmehr in allen drei Großgattungen. Epen und Dramen können, wie Lyrik, in Versen abgefasst sein und waren das in der europäischen Literatur auch lange Zeit selbstverständlich, etwa bis zum 18. Jahrhundert. Folglich gibt es neben lyrischen auch zahllose epische und dramatische Gedichte.

Nicht wenige Epiker und Dramatiker waren auch Meister der Verskunst. Die klassische griechische Literatur ist voller Beispiele dafür. Homer ist berühmt geworden für seine Hexameter, die bis heute nachgeahmt werden; Sophokles für seine Handhabung der Stichomythie in der *Antigone*, die im Sprecherwechsel von Vers zu Vers besteht.

Die Begriffe des epischen und des dramatischen Gedichts waren jahrhundertelang in Gebrauch. Für zeitgenössische Texte werden sie seltener verwendet. Zwar hat noch ein Gegenwartsautor wie Peter Handke für eines seiner Stücke, *Über die Dörfer*, im Untertitel die Bezeichnung „Dramatisches Gedicht" gewählt. Längst ist jedoch das Epos vom Roman abgelöst worden, der seine Form in der Prosa gefunden hat; auch das Drama hat seine Bindung an den Vers weitgehend aufgegeben.

2 Einzelrede, Wechselrede, vermittelnde Rede

Der Unterschied zwischen einem lyrischen Gedicht einerseits, einem epischen oder einem dramatischen andererseits liegt nicht in der Form, sondern in der Rede, genauer: in der Redestruktur. Sie alle sind Gedichte, aber eben jeweils verschiedener Art, je nachdem, welche Rede-Struktur sie kennzeichnet: die Einzelrede, die Wechselrede oder die vermittelnde Rede (vgl. zum Folgenden ausführlicher Lamping 2000, 55–64).

Diese drei Rede-Strukturen haben in der Literaturtheorie eine wechselnde Rolle gespielt. Spätestens seit der *Ars Grammatica* des Diomedes bekannt (vgl. Keil 1981), werden sie herkömmlicherweise nach dem Sprecher-Kriterium bestimmt (vgl. dazu auch Hempfer 2008). Die Unterscheidung, die es erlaubt, kann man jedoch durch das Kriterium der Rede-Äußerung verfeinern, das auf die Beschaffenheit der Äußerung zielt, statt nur auf den Sprecher. Durch die drei Rede-Strukturen als jeweils zumindest ein notwendiges Merkmal lassen sich die drei Hauptgattungen bestimmen: durch die Wechselrede die Dramatik, durch die vermittelnde Rede die Epik, durch die Einzelrede die Lyrik. Entsprechend lässt sich das lyrische vom dramatischen und vom epischen Gedicht unterscheiden.

Die Wechselrede und die vermittelnde Rede bestehen jeweils aus mindestens zwei verschiedenen Äußerungen, die in aller Regel auch verschiedenen Sprechern zugeordnet sind. Im Fall der Wechselrede sprechen zwei miteinander wie in Fontanes Gedicht *Geschichtsschreibung*:

> „Bei hellem Tageslichte
> Hab' ich es *anders* gesehn."
>   „Gewiß. Geschichten und Geschichte
>   Wachsen und Wechseln im Entstehn!"
>   (Fontane 1998, 59)

Ein solcher Wechsel der Äußerungen zweier – in diesem Fall nicht eigens genannter – Sprecher stellt die grundlegende Redestruktur der Dramatik dar, ohne dass deren Eigenart sich in ihr erschöpfen würde. Zu ihr kommt vielmehr in jedem Fall noch die Darstellung einer Handlung hinzu.

In der vermittelnden Rede gibt ein Sprecher die Äußerung wenigstens eines anderen wieder – wie in Joachim Ringelnatz' Gedicht *Ein ganzes Leben*:

> „Weißt du noch", so frug die Eintagsfliege
> Abends, „wie ich auf der Stiege
> Damals dir den Käsekrümel stahl?"
>
> Mit der Abgeklärtheit eines Greises
> Sprach der Fliegenmann: „Gewiß, ich weiß es!"
> Und er lächelte: „Es war einmal –" [...]
> (Ringelnatz 1994, II, 92)

Solche Vermittlung der Äußerung eines Anderen oder mehrerer Anderer stellt die grundlegende Redestruktur der Epik dar, ohne dass wiederum deren Eigenart sich in ihr erschöpfen würde. Zu ihr kommt in jedem Fall noch die Erzählung einer Handlung oder einer Situationsveränderung hinzu.

Einzelrede besteht dagegen immer nur aus einer einzelnen Äußerung – wie in Joseph von Eichendorffs Gedicht *Wünschelrute*:

> Schläft ein Lied in allen Dingen,
> Die da träumen fort und fort,
> Und die Welt hebt an zu singen,
> Triffst du nur das Zauberwort.
> (zit. nach Conrady 1991, 261)

Das lyrische Gedicht als solche Einzelrede in Versen ist strukturell einfach: Sie hat in der Regel nur einen Sprecher (einerlei welchen Geschlechts), sie kann aber auch die gemeinsame Rede mehrerer Sprecher, einer Gruppe oder Gemeinschaft von Sprechern sein.

3 Die Pluralität der Lyrik

Die Definition des lyrischen Gedichts ist ein Versuch, die oft als schwierig angesehene Verständigung über die Gattung zu erleichtern und das Reden über sie klarer und genauer zu machen. Deshalb ist ihre Struktur einfach, ihre Kriterien sind konkret, ihre Reichweite ist weit. Das macht sie leicht handhabbar und für eine unkomplizierte Bestimmung von lyrischen Gedichten geeignet. Ihre sachgemäße Anwendung setzt allerdings voraus, dass ihre logischen und sachlichen Implikationen bewusst sind. Auf die wichtigsten sei kurz hingewiesen.

1. Die Definition benennt zwei *notwendige* Merkmale, die die Gattung des lyrischen Gedichts bestimmen. Gegen das Kriterium der Einzelrede ist eingewendet worden, dass es „kaum distinktiv" sei (Hempfer 2014, 14), weil es auch für andere Gattungen zutreffe wie den Essay oder den Traktat. Der Einwand verkennt die logische Struktur der Definition. Weder die Versform noch die Einzelrede findet sich ausschließlich in der Lyrik. Wie es Versform ohne Einzelrede gibt, gibt es auch Einzelrede ohne Versform. Nur wenn das eine Merkmal zusammen mit dem anderen auftritt, ist von Lyrik oder einem lyrischen Gedicht zu sprechen. Umgekehrt sind im Übrigen auch der Essay oder der Traktat nicht allein durch die Einzelrede bestimmt.

2. Die Definition legt das lyrische Gedicht nicht auf eine bestimmte Form fest, wie es in früheren Theorien versucht wurde. So wollte Emil Staiger das Lied für das Lyrische reservieren, und Walther Killy rechnete unter die Lyrik immerhin noch kurze Gedichte. Beides bedeutet eine Verengung des Begriffs. Schon Hegel hat festgestellt, dass es im lyrischen Gedicht „die größte *Mannigfaltigkeit* verschiedener Metra" (Hegel 1986, 447) gebe. Seither sind in der Lyrik nicht nur Versmaße verwendet worden, die wie der Hexameter dem epischen oder wie der Knittelvers dem dramatischen Gedicht lange zugeordnet waren. Der dadurch eröffnete Spielraum hat sich in der Moderne durch freie Verse noch weiter vergrößert (zu den historischen Veränderungen des Verses vgl. Räkel). Längst finden sich in der Lyrik auch die verschiedensten Gedichtformen wie etwa Ode, Elegie, Epigramm, Epitaph, Sonett, Spruch, Lied, Ballade, Canzone, Hymnus oder Distichon. Das lyrische Gedicht ist durch eine Vielfalt der Formen gekennzeichnet.

3. Einzelrede ist monologisch – und zwar in dem strukturellen Sinn, dass sie nur aus einer Äußerung besteht. In anderer Hinsicht ist sie es dagegen nicht notwendig. Immer wieder ist die Lyrik als Rede eines Ich, des ‚lyrischen Ich', definiert worden (vgl. dazu Müller 1979) – in Abgrenzung zumeist von einem epischen ‚Er' (oder ‚Sie') oder einem dramatischen ‚Du' (oder ‚Ihr'). Wenn man das Kriterium nicht erkenntnis- oder subjekttheoretisch, sondern grammatisch versteht, ist mit ihm das Sprechen in der ersten Person Singular gemeint. Die Geschichte der Lyrik besitzt für solche Rede große Beispiele – angefangen bei Sapphos Aphrodite-Hymnus:

> Ewige Aphrodita auf buntem Throne,
> Listenspinnende Tochter des Zeus, dich ruf ich: [...]
> (Griechische Lyriker 1968, 91)

Selbst wenn man annimmt, dass sich lyrische Rede wie jede menschliche Äußerung einem Subjekt verdankt (vgl. Müller 1995), muss es doch nicht immer von sich sprechen und „Ich" sagen. Manchmal spricht sich in einem lyrischen Gedicht auch ein Ich als Du an wie in Paul Flemings *An sich*: „Sei dennoch unverzagt! Gib dennoch unverloren!" (Frieling 2009, 186) Doch das ist nur eine Möglichkeit unter mehreren. Einzelrede ist nicht notwendig in der ersten Person gehalten. Es gibt auch ‚ich-lose' Lyrik.

In einem lyrischen Gedicht kann ein Ich nicht nur ein Du ansprechen, wie es Sappho tut, es kann sich auch ein „Wir" äußern wie in Brechts *Lied der Arbeiter und Bauern*:

> Wir haben kein Blatt vor's Maul genommen
> Und haben gefragt, was wir bekommen. [...]
> (Brecht 1997, IV, 264)

Schließlich gibt es auch zahllose lyrische Gedichte in Er- oder Sie-Form – wie die Herr Cogito-Gedichte Zbigniew Herberts, etwa das über *Die Entfremdung des Herrn Cogito*:

> Herr Cogito hält in den Armen
> die warme Amphora des Kopfes [...]
> (Herbert 1974, 21).

Solche Gedichte, in denen von einem Er oder Sie die Rede ist, sind allerdings noch nicht episch, also vermittelnde Rede. Sie sind lediglich erzählend. Gedichte, in denen ein Du angesprochen wird, sind wiederum noch nicht im strengen Sinn dialogisch, also Wechselrede, sondern lediglich *dialogisiert*, und sie können dies, wie die Verse von Fleming und Sappho zeigen, auf unterschiedliche Weise sein. In lyrischen Gedichten können also auch andere angesprochen oder es kann über sie gesprochen werden. Sie sind grammatisch divers, nicht auf den Gebrauch eines bestimmten Personalpronomens festgelegt.

4. Auch in einem anderen Sinn ist Einzelrede nicht notwendig monologisch, in dem nämlich, dass sie Selbstgespräch wäre: Rede eines Einzelnen an sich selber wie in Flemings Gedicht. Doch auch das ist nur ein besonderer Fall der Einzelrede. Sie kann tatsächlich unterschiedliche *Bezüge* aufweisen: Lyrische Gedichte können

- sprecherbezogen,
- adressatenbezogen,
- situationsbezogen und
- gegenstandsbezogen sein.

Sprecherbezogen sind lyrische Gedichte, wenn in ihnen ein Ich von sich selber spricht wie etwa Rilkes *Selbstbildnis aus dem Jahre 1906*:

> Des alten lange adligen Geschlechtes
> Feststehendes im Augenbogenbau.
> Im Blicke noch der Kindheit Angst und Blau
> und Demut da und dort, nicht eines Knechtes
> doch eines Dienenden und einer Frau. [...]
> (Rilke, I, 483)

Solche lyrischen Selbstporträts zwischen Selbstbeschreibung und Selbstreflexion sind von vielen Autoren überliefert, etwa von Ugo Foscolo (*Selbstbildnis*) oder Juan Ramón Jiménez (*Ich bin nicht ich*).

Adressatenbezogen sind lyrische Gedichte, wenn sie sich an einen Anderen oder mehrere Andere, also an ein Du oder Ihr wenden – wie es etwa in Goethes *Prometheus* zu Beginn der Fall ist:

> Bedecke deinen Himmel, Zeus,
> Mit Wolkendunst!
> Und übe, Knaben gleich,
> Der Disteln köpft,
> An Eichen dich und Bergeshöhn!
> (Goethe 1982, I, 44–45)

Goethe lässt seinen Prometheus Zeus, der ihn im Mythos verstoßen hatte, weil er ihm das Feuer gestohlen hatte, in einem Akt höhnischen Aufbegehrens ansprechen. Er sagt sich von ihm los, um selbst Menschen zu schaffen: ein rebellisches Geschöpf, das ebenfalls Schöpfer sein will.

Situationsbezogen sind lyrische Gedichte, wenn sie von den Umständen der Rede, zumal räumlichen und zeitlichen, aber auch kommunikativen und psychologischen handeln – wie etwa in Giacomo Leopardis Gedicht *L'Infinito*, dessen Anfang in der Übersetzung Goethes so lautet:

> Immer lieb war mir dieser einsame
> Hügel und das Gehölz, das fast ringsum
> ausschließt vom fernen Aufruhn der Himmel
> den Blick. Sitzend und schauend bild ich unendliche
> Räume jenseits mir ein und mehr als
> menschliches Schweigen und Ruhe vom Grunde der Ruh.
> (Frieling 2009, 330)

Der Ort, den Leopardi beschreibt, ist mehr als ein schöner Flecken in der Landschaft des südlichen Italien. Er regt ihn vielmehr zum – einsamen – Denken und Sprechen über Raum, Zeit und Unendlichkeit an und wird so zum Ort seines Dichtens: seine Sprechsituation, die Umgebung im emphatischen Sinn ist.

Etwas präziser noch sind die Umstände in einem Gedicht aus Ernesto Cardenals Zyklus *Gethsemany, Kentucky* wiedergegeben:

> 2 Uhr morgens. Die Stunde des Nachtgebets, und die Kirche
> scheint im Halbschatten voller Dämonen zu sein.
> Dies ist die Stunde der Finsternis und der Fiestas.
> Die Stunde all meiner Dinge. Und meine Vergangenheit kehrt zurück.
> (Cardenal 1972, 52)

Das Gedicht bezieht sich auf die Stunde des Nachtgebets, des ersten Stundengebets der Zisterzienser von der strengen Observanz. Es erwähnt, neben dem Zeitpunkt, den Ort und die Anwesenden und folgt den Gedanken und Erinnerungen des Mönchs während der Andacht. Es schildert, mit einem Wort, die Situation des Nachtgebets, die Uhrzeit, den Raum, die Mitbrüder – aber es ist nicht das Nachtgebet, aus dem das Gedicht besteht, sondern eine Reflexion über das Gebet und die Situation, in der es Nacht für Nacht gesprochen wird.

Gegenstandsbezogen schließlich sind lyrische Gedichte, wenn sie sich etwas Anderem zuwenden, das sie zu einem Gegenstand, sei es der Erkenntnis oder der Wahrnehmung, des Fühlens oder des Denkens, machen. Dies gilt etwa für Andreas Gryphius' Sonett *Menschliches Elende*:

> Was sind wir Menschen doch! Ein Wohnhaus grimmer Schmerzen,
> Ein Ball des falschen Glücks, ein Irrlicht dieser Zeit,
> Ein Schauplatz herber Angst, besetzt mit scharfem Leid,
> Ein bald verschmelzter Schnee und abgebrannte Kerzen.
> (Conrady 1991, 40)

In dieser Weise findet Gryphius noch eine Reihe weiterer anschaulicher und einprägsamer Bilder für die *conditio humana*, die elend in ihrer irdischen Vergänglichkeit ist. Auch wenn der Sprecher dabei logisch eingeschlossen ist, geht es doch nicht um ihn, sondern um den Menschen. Ihn macht Gryphius zum Gegenstand seines klagenden Nachdenkens.

Die mehr oder weniger realistische Darstellung von Objekten ist schon früh in der Lyrik zu finden; im 20. Jahrhundert haben einige Dichter eigene Programme für ein solches Schreiben entwickelt, etwa der amerikanisch-jüdische Lyriker Charles Reznikoff, der als ‚Objektivist' bezeichnet wurde, Rainer Maria Rilke, der das von ihm so genannte ‚sachliche Sagen' in seinen *Neuen Gedichten*, oder Pablo Neruda, der den lyrischen Realismus in seinen *Elementaren Oden* (*Odas elementares*) praktiziert hat. Solche Gedichte wenden sich den unterschiedlichsten Gegenständen zu. So gibt es von altersher etwa Gedichte auf Götter, Morgen- und Abendgedichte, Gedichte auf Gemälde und Personen, Tier- und Landschaftsgedichte, Porträtgedichte, etwa über Geliebte und Freunde, nicht zu vergessen. Die lyrische Einzelrede kennt keine gegenständliche Beschränkung.

In der traditionellen Lyrik-Theorie haben allerdings sprecherbezogene Gedichte mehr Aufmerksamkeit gefunden, nach ihnen dann adressatenbezogene, zumal erotischer oder religiöser Art. Darüber ist insbesondere gegenstandsbezogene Lyrik vernachlässigt worden, die gerade zum Ort unpersönlichen Sprechens geworden ist. Die situationsbezogene hat dagegen das über den strengen Monolog hinaus dialogisierte und somit kommunikative Sprechen befördert. Die Erforschung der verschiedenen Bezüge in Gedichten hat in der Lyrik-Theorie erst begonnen (vgl. etwa Petzold 2012).

5. Die Definition legt die lyrische Einzelrede nicht auf eine bestimmte Redeweise fest. Hegel hat sie zwar als ‚Aussprache' eines Subjekts verstanden, doch ist nicht schwer zu sehen, dass sie genauso etwa Ansprache an einen Anderen sein kann wie in Goethes *Prometheus* oder Mitteilung über ein Objekt wie in Gryphius' Gedicht *Menschliches Elende*. Dementsprechend kann lyrische Einzelrede nicht nur bekennend sein, sondern ebenso etwa auffordernd, feststellend, erzählend, beschreibend oder reflektierend. Die Reihe ließe sich noch verlängern, da die Einzelrede eine Grundstruktur der literarischen Rede darstellt.

Sie muss deshalb, in Emil Staigers Charakteristik, auch nicht „gegenwärtig" (Staiger 1956, 62) sein, also ein Sprechen im Präsens (vgl. ebd., 55). In ihr findet sich genauso etwa das Perfekt wie in Brechts *Lied der Arbeiter und Bauern*, ja sogar das vermeintlich der Epik vorbehaltene Imperfekt wie in Leopardis *L'Infinito*. Die Sprache der Lyrik (vgl. Müller 2016) insgesamt gilt in früheren Theorien wie der Staigers als „getragen von Wogen des Gefühls" (ebd., 71) und als „zwar seelenvoll, aber geistlos" (ebd., 81). Tatsächlich ist sie erheblich vielfältiger und nicht auf eine bestimmte gefühlsbetonte Art der Rede beschränkt. Lyrik kann emotional sein wie in den Liebesgedichten Sapphos, sie kann aber auch rational sein wie in der epigrammatischen Gedankenlyrik Erich Kästners. Sie kann ernst, ja pathetisch sein, etwa in Oden Pindars oder Horaz', und zwar sowohl hymnisch wie elegisch. Sie kann aber auch komisch sein, etwa in Epigrammen Martials, und zwar sowohl humoristisch wie satirisch, ironisch wie sarkastisch. Sie kann dunkel sein wie in den späten Gedichten Paul Celans, aber auch luzide wie in den *Hollywood Elegien* oder den *Buckower Elegien* Bertolt Brechts. Sie kann uneigentlich-metaphorisch sein wie in vielen *Neuen Gedichten* Rainer Maria Rilkes, aber auch ganz eigentlich-direkt wie in den späten Gedichten Pablo Nerudas. Und sie kann sprachlich elaboriert wie in den Sonetten Baudelaires, aber auch vulgär sein wie in den Balladen François Villons. Die Definition des lyrischen Gedichts als Einzelrede in Versen lässt all diese Möglichkeiten zu.

6. Die logische und begriffliche Einfachheit der Definition darf nicht zu dem Schluss verleiten, dass die Gattung selbst einfach wäre, besonders limitiert in ihren Möglichkeiten. Das Gegenteil ist der Fall. Tatsächlich ist die lyrische Einzelrede, richtig verstanden, durch eine Vielfalt der Gedichtformen wie der Rede gekennzeichnet: durch grammatische Vielfalt, durch Vielfalt der Bezüge und durch Vielfalt der Redeweisen. Die Möglichkeiten, die sich dem lyrischen Gedicht eröffnen, sind außerordentlich. Das ist keine neue Erkenntnis. Schon Hegel hat bemerkt, dass die Lyrik „wegen des Reichtums an den verschiedenartigsten Auffassungsweisen und Formen" (Hegel 1986, 442) ein schwer überschaubares Gebiet darstellt. Die Definition des lyrischen Gedichts trägt solcher Pluralität Rechnung. So kann sie eine große Zahl von Verstexten erfassen, etwa sowohl europäische wie asiatische, sowohl antike wie moderne. Sie ist weder auf eine Epoche noch auf eine Literatur begrenzt. Sie ist tendenziell universal.

4 Die Komplexität der Lyrik

Die Definition des lyrischen Gedichts wird aber nicht nur der Pluralität, sondern auch der Komplexität der Lyrik gerecht. Die Einzelrede ist zwar strukturell gleichfalls einfach in einem bestimmten Sinn, dem nämlich, dass sie die Äußerung nur eines Sprechers (oder einer Gruppe von Sprechern) ist. Darüber hinaus kann sie jedoch in mehr als einer Hinsicht komplex sein.

Komplex ist lyrische Einzelrede schon in dem Sinn, in dem es jedes Gedicht ist: durch die Verbindung der Semantik der Rede mit der Semantik der Form, die die Bedeutungsdichte von Verstexten begründet. Doch auch sprachlich kann ein lyrisches Gedicht komplex sein. Zwar ist es oft einfach, schlicht, wie kurze Epigramme zeigen, auch viele Sprüche. Es kann jedoch auch ungewöhnlich komplex sein – selbst wenn es nur aus einem Satz besteht. So ist es mit dem 23. des ersten Teils von Rilkes *Sonetten an Orpheus*:

> O erst *dann*, wenn der Flug
> nicht mehr um seinetwillen
> wird in die Himmelstillen
> steigen, sich selber genug,
>
> um in lichten Profilen,
> als das Gerät, das gelang,
> Liebling der Winde zu spielen,
> sicher, schwenkend und schlank, –

> erst, wenn ein reines Wohin
> wachsender Apparate
> Knabenstolz überwiegt,
>
> wird, überstürzt von Gewinn,
> jener den Fernen Genahte
> *sein*, was er einsam erfliegt.
>   (Rilke 1996, II, 252)

Das Gedicht erschließt sich nicht beim ersten Lesen, kaum auch beim zweiten. Es ist formal, besonders aber sprachlich komplex: durch die Länge des Satzes, der sich über 14 Sonettzeilen spannt, durch seine hypotaktische Struktur und durch die Neologismen, die er enthält. Die elaborierte Sprache dient dem Ausdruck des ebenso differenzierten, verschiedene Bedingungen enthaltenden Gedankens, den es über Flugzeuge und Flieger und ihr „reines Wohin" entwickelt. Einzelrede kann auf solche Weise nicht nur sprachlich, sondern auch gedanklich anspruchsvoll, ja tiefsinnig sein: tiefempfunden oder tiefgedacht.

Lyrische Rede ist noch in einer weiteren Hinsicht nicht notwendig einfach. Sie muss nicht bloß aus eigener Rede des Verfassers bestehen, wie es in der Subjektivitäts-Theorie vorausgesetzt wird. Sie kann vielmehr auch fremde Rede aufnehmen. So kann sie sich auf Rede eines anderen Sprechers beziehen wie in Brechts Gedicht *Der Nachgeborene* (vgl. Lamping 2019):

> Ich gestehe es: ich
> Habe keine Hoffnung.
> Die Blinden reden von einem Ausweg. Ich
> Sehe.
>
> Wenn die Irrtümer verbraucht sind
> Sitzt als letzter Gesellschafter
> Uns das Nichts gegenüber.
>   (Brecht 1973, 7)

Das Gedicht stellt die Äußerung eines Sprechers dar – die aber pointiert gegen die Ansicht anderer, der „Blinden", gesetzt wird, die weniger zitiert als referiert wird.

Ähnlich ist es in Paul Celans Gedicht *Zürich, zum Storchen*. Vom ersten Vers an: „Vom Zuviel war die Rede, vom/ Zuwenig" (Celan 2003, 126) nimmt es Bezug auf Worte von Nelly Sachs während ihrer beider Begegnung in Zürich am 26. Mai 1960. In die Wiedergabe der fremden Rede mischt sich dabei auch immer wieder Gegenrede – wie in den Versen: „Von deinem Gott war die Rede, ich sprach/ gegen ihn, ich" (ebd.). Beides: Redewiedergabe, wie genau auch immer, und Einrede gegen solche fremde Rede sprengen nicht den Rahmen der Einzelrede.

Wenn ein lyrisches Gedicht sich auf fremde Äußerungen bezieht, kann das etwas sein, was andere *gesagt* haben; es kann aber auch etwas sein, was andere *geschrieben* haben. Das ist der Fall in einem anderen Gedicht Paul Celans: *Eine Gauner- und Ganovenweise/ gesungen zu Paris Emprés Pontoise/ von Paul Celan/ aus Czernowitz bei Sadagora*. Das Gedicht ist voller literarischer Anspielungen: im Titel auf einen Vierzeiler François Villons, im Motto auf Heinrich

Heines Gedicht *An Edom* aus seinem *Rabbi von Bacharach*. Hinzu kommen im Text noch Allusionen auf die hebräische Bibel, ein Landsknechtslied und, in der letzten Zeile, auf Albert Camus' Roman *Die Pest* – das alles in weniger als dreißig, durchweg kurzen, nicht selten nur zweisilbigen Zeilen.

Zitat, Paraphrase und Anspielung sind Mittel der Integration fremder Rede in die eigene. Unter dem Stichwort ‚Intertextualität' ist sie ein geläufiges literarisches Phänomen, das schon früh ein Merkmal lyrischer Gedichte war, und das ist es bis heute selbstverständlich geblieben.

Komplex kann lyrische Einzelrede schließlich auch sein, wenn sie, neben Elementen verschiedener Formen, verschiedene Redebezüge und Redeweisen kombiniert.

5 Die Komplexität eines lyrischen Gedichts

Die Komplexität, die lyrische Gedichte besitzen können, lässt sich an vielen Beispielen zeigen, selbst an kurzen, die nicht als besonders schwer verständlich gelten. Das wohl berühmteste Beispiel dafür ist Goethes *Wanderers Nachtlied (Ein Gleiches)*:

> Über allen Gipfeln
> Ist Ruh,
> In allen Wipfeln
> Spürest du
> Kaum einen Hauch;
> Die Vögelein schweigen im Walde.
> Warte nur, balde,
> Ruhest du auch.
>   (Goethe 1982, I, 142)

Das zweite Nachtlied des Wanderers, entstanden 1780 auf dem Kickelhahn bei Ilmenau, steht im Ruf, „eines der reinsten Beispiele lyrischen Stils" zu sein (Staiger 1956, 13), so Emil Staiger, der ihm eine berühmte, für seine Theorie paradigmatische Interpretation gewidmet hat. Das Lyrische glaubte er in „beschränktem Umfang" von „wenigen Zeilen", in der „Stimmung" (ebd., 24) und in der Musik der Worte zu erkennen – mit einem Wort: in der Einfachheit des Gedichts.

Staigers Interpretation hält jedoch einer Prüfung nicht stand. Zu bezweifeln ist nicht nur, dass ein lyrisches Gedicht wie dieses „geistlos" sei. Zweifelhaft ist auch Staigers Behauptung: „der Abend erklingt als Sprache von selber; der Dichter ‚leistet' nichts" (ebd., 15), so dass jeder „Verdacht der Absicht" (ebd., 16), nämlich der künstlerischen, verstimme.

Wanderers Nachtlied ist offensichtlich ein Kunstwerk: ein vollkommenes Gebilde. Jedes Wort scheint da zu stehen, wo es hingehört. Kunstfehler hat noch keiner in den acht kurzen Zeilen entdeckt. Jedes Wort ist auch für sich ohne weiteres verständlich. Die fünf Sätze werden durch rasch aufeinander folgende Reime zusammengebunden, deren einzelne Laute, zumal die Vokale, und ihre jeweiligen Entsprechungen sich durch den geringen Abstand zwischen ihnen einprägen, am deutlichsten im letzten Vers durch die Wiederholung des „u" und im abschließenden Hauchlaut des „ch".

Das mag „Musik der Worte" (ebd., 51) sein, doch auch Musik wird komponiert. Das gilt ebenso für den Aufbau des Gedichts. Es ist sinnfällig in seiner Komposition: Der Blick geht von oben nach unten, von der unbelebten zur belebten Natur, vom Mineralischen über das Organische und Animalische zum Humanen. Er erfasst so, was Goethe damals schon als Kosmos verstand: die natürliche Weltordnung. Sie ist keine starre Ordnung, wie das vom Trochäus zum Jambus wechselnde Versmaß der unterschiedlich langen Zeilen schon andeutet. Der Mensch ist ein Teil von ihr, der Ruhe bedürftig, die in die ihn umgebende Natur schon eingezogen ist. Man darf bezweifeln, dass ein Dichter nichts leiste, der auf diese Weise ein Gedicht komponiert.

Die acht kurzen Zeilen eröffnen mehrere Deutungsmöglichkeiten. Es ist nicht schwer, sie auf Goethes damalige Lebenssituation zu beziehen. Er hat das selbst getan, wenngleich erst spät in seinem Leben. Den Schlusssatz bezog er 1831 auf den Tod – auf seinen Tod (vgl. Goethe 1964, 569). Diese Deutung ist nicht zwingend. Goethe selbst mag fünfzig Jahre früher, 1780, nicht an den Tod gedacht haben. Charlotte von Stein schrieb er vom Kickelhahn, er habe sich dort „gebettet, um dem Wuste des Städtgens, den Klagen, den Verlangen, der Unverbesserlichen Verworrenheit der Menschen auszuweichen" (Goethe 1988, I, 314).

Von Anfang September und bis Anfang Oktober reiste Goethe im Gefolge des Herzogs durch Thüringen, um vor Ort allerlei Amts- und Regierungsgeschäfte zu erledigen. In Ilmenau etwa gingen sie Mordanschuldigungen nach, in Zilbach besichtigten sie „Wiesewässerungen" (ebd., 319), oder sie nahmen auch nur Huldigungen entgegen wie in Ostheim. „Welthändel" (ebd., 321) habe er getrieben, schreibt Goethe am 14. September Charlotte von Stein: „Tagewerck das mir aufgetragen ist" (ebd., 324).

Der Abend und die Nacht auf dem Kickelhahn, allein, ohne Gesellschaft, unterbrach gleich am Anfang der Reise die Amtsgeschäfte: Goethes „immer bewegten Zustand" (ebd., 322). „O dass doch mein Beruf wäre immer in Bewegung und in freyer Luft zu seyn" (ebd., 316), schrieb er am Morgen des 8. September an seine Freundin. Da war er auf dem Berg gewesen, und man darf dabei dem Adjektiv ‚frei' einen besonderen Akzent verleihen: Er war für einen Abend und eine Nacht entbunden gewesen von seinen Verpflichtungen, denen er nun wieder nachgehen musste.

Man kann *Wanderers Nachtlied* aber auch von Goethes damaliger Lebenssituation lösen. Dass es so populär geworden ist: schon zu Lebzeiten vertont, unter anderem von Goethes Freund Carl Friedrich Zelter, übersetzt, schon bald auf vielerlei Weise literarisch rezipiert, später auch parodiert, unter anderem von Brecht (vgl. Segebrecht 1978, 141–149), ist kaum damit zu begründen, dass der biographische Bezug so viel Interesse gefunden hat. In dem Gedicht ist mehr verborgen als ein im Übrigen nicht sehr spektakuläres Erlebnis des Autors. In seinem Sprecherbezug geht es nicht auf.

Dem Gedicht ist eine Anthropologie, ja ein Weltbild impliziert. Wulf Segebrecht hat es im Einzelnen herausgearbeitet. Die Natur wird durch das Gedicht „als ein geordnetes und gegliedertes Ganzes" dargestellt, „als ein Kosmos also, der gekennzeichnet ist durch die verschiedenen Stadien der Ruhe, in der sich seine Teile befinden" (ebd., 165). Deutlich ist, schon in der Komposition, dabei die Stellung des Menschen. Er wird „in die unterste Stufe eingeordnet, weil er zugleich der lebendigste und der unruhigste Teil der Natur ist" (ebd., 166). Sein Ort in ihr ist „zwar durch seinen Zustand der geringsten Ruhe bezeichnet, zugleich aber von der Erwartung einer größeren Ruhe bestimmt, die sich von oben allmählich über alle Bereiche der Natur erstrecken wird" (ebd.). Seine Stellung ist im Letzten ambivalent: „Seine Unruhe ist zwar Beweis seiner Lebendigkeit als Naturwesen, zugleich aber auch Zeichen seiner noch nicht vollzogenen vollständigen Einheit mit der Natur und also Ausweis seiner Vorläufigkeit und Vergänglichkeit" (ebd.).

Was Goethe, folgt man dieser Deutung, seinen Lesern mitteilen wollte, war also eine Erkenntnis ihrer Existenz als Menschen, die ein Teil der Natur sind und doch nicht in letzter Übereinstimmung mit ihr: ein unruhiges, der Ruhe bedürftiges Wesen. Das ist, neben dem Sprecher-, der Objektbezug des Gedichts.

Sein Adressatenbezug ist demgegenüber weniger beachtet worden. Im Gedicht spricht kein Ich von sich, wie Staiger offenbar angenommen hat; ein Du wird vielmehr angesprochen. Man kann das als Selbstgespräch des Sprechers deuten, wie es die Einordnung als Stimmungsgedicht nahelegt. Eine andere Möglichkeit, das Du-Sagen als Adressatenbezug zu verstehen, ist seltener bedacht worden. Goethe hat das Gedicht zwar ab 1815 in den Ausgaben seiner Werke abgedruckt, gut dreißig Jahre nach seiner Entstehung. Ursprünglich aber hat er es nicht nur Frau von Stein brieflich mitgeteilt. Er hat es in einer Hütte auf dem Kickelhahn oberhalb von Ilmenau mit Bleistift an die Bretterwand geschrieben. Dort hat er es im Alter, nämlich einen Tag vor seinem letzten Geburtstag 1831, noch einmal „recognosciert" (Goethe 1964, 568). 1870 ist die Schrift beim Brand der Hütte verlorengegangen.

Manche Interpreten waren versucht, die Tatsache, dass Goethe die Verse, seinerzeit noch ohne Überschrift, auf die Hüttenwand schrieb, im Sinn seiner Bemerkungen über seine Schreib- und Aufschreibgewohnheiten, vor allem in *Dichtung und Wahrheit,* zu deuten. Allerdings ergibt das in diesem Fall nicht viel Sinn. Warum sollte er, die Verse, um sie festzuhalten, auf eine Wand schreiben, die er kaum mitnehmen konnte, um die Zeilen nachzulesen? Auch gibt es keinen Beweis dafür, dass er sie spontan notiert hat, im Moment ihrer Entstehung – das würde lediglich gut zu manchen Theorien über seine Produktivität und zumal seine Produktion von Erlebnisgedichten passen.

Goethe war nicht der einzige, der die Hütte aufsuchte. Sie war für Angehörige des Weimarer Hofs als Jagd- und Schutzhütte bestimmt. In den 1770er Jahren kehrte er mit Freunden, auch mit Herzog Carl August, dort öfter ein. Möglich, ja wahrscheinlich ist, dass er das Gedicht für seine Freunde an die Wand schrieb – Wanderer wie er, die abends auf dem Kickelhahn einkehrten. Man darf mit Wulf Segebrecht annehmen, dass er „die Lektüre seines Gedichtes durch die Mitglieder der Weimarer Hofgesellschaft an dieser Stelle nicht nur geduldet, sondern […]

ausdrücklich gewünscht hat" (Segebrecht 1978, 159). Er hat sie anscheinend als seine ersten Leser gedacht, denen das Du als Anrede auch gegolten hat. Denn:

> Er hatte diesen Lesern offensichtlich etwas mitzuteilen. Die Inschrift erfolgte um dieser Mitteilung willen. Damit ist ihr aber zugleich der Charakter der Unmittelbarkeit genommen. Sie ist keine spontane, sondern eine überlegte Handlung. (ebd.)

Die Weimarer Leser befanden sich, wenn sie das Gedicht in der Hütte zur Kenntnis nahmen, in genau der Situation, die es darstellt: in der Ruhe nach der Anstrengung des Aufstiegs, müde nach einer Wanderung oder einer Jagd.

Die Interpretation des kleinen Gedichts kann man an dieser Stelle abbrechen: Seine Komplexität mag deutlich geworden sein. *Wanderers Nachtlied* für seine „Einfalt" (Kommerell 1943, 85) zu loben, heißt einer ästhetischen Illusion aufzusitzen. und zu übersehen, dass es noch zur künstlerischen Gestaltung gehören kann, die eigenen Spuren zu verwischen. Das Gedicht ist tatsächlich bis ins Kleinste komponiert, impliziert bei aller Emotionalität naturphilosophische und anthropologische Gedanken und ist aus verschiedenen Bezügen heraus zu verstehen. Es ist Naturlyrik und zugleich mehr als das. Was es zu sagen hat, ist in seiner poetischen Dichte kaum abschließend zu beschreiben. Seine Interpretation ist nicht nur fortzuführen, sie wird zweifellos auch fortgeführt werden.

Dabei ist noch nicht einmal berücksichtigt, dass *Wanderers Nachtlied* in einer langen Tradition steht. Das Gedicht, wie sehr es auch zum singulären Stück erklärt wurde, steht nicht für sich allein, sondern auch in intertextuellen Bezügen, die es allerdings nicht namhaft macht. Manchem ist dennoch nicht verborgen geblieben, dass es etwa eine Ähnlichkeit mit dem Nachtgedicht *Nun ruhen der Berge Gipfel und Schluchten* des frühgriechischen Dichters Alkman aufweist. Horst Rüdiger hat zudem in seinem Kommentar zu ihm bemerkt, „daß Schubert in seiner Vertonung von Goethes ‚Über allen Gipfeln ist Ruh' einen Rhythmus konzipiert hat, der an den von Alkman gewählten erinnert" (Griechische Lyriker 1968, 305). Insofern drängt sich auch ein Vergleich des Gedichts geradezu auf.

6 Grenzen und Übergänge

Die Definition des lyrischen Gedichts dient der Bestimmung, aber auch der Unterscheidung. Sie gibt Auskunft darüber, was es für sich ausmacht und was es anders macht als andere Arten des Gedichts. Sie erlaubt zunächst eine Unterscheidung von lyrischen Gedichten und epischen oder dramatischen, dann aber auch eine von Lyrik und manchen Gebilden der Visuellen Poesie und der Phonetischen Poesie, die ihr oft zugeschlagen werden.

Zwischen der Visuellen Poesie (vgl. etwa Ernst 2012) und der Lyrik gibt es einen großen Überschneidungsbereich. Viele Figurengedichte sind lyrisch. Ihre Gestalt ahmt lediglich die eines Dinges nach, ohne dass sie deshalb aufhören würden, Gedichte, auch lyrische Gedichte, zu sein. Sie sind durch ihre Gestalt graphisch lediglich komplexer als andere Lyrik. So ist es etwa der Fall bei Nikolaus von Bostels.

Abschied an eine Geliebte.

Bilder-Reim.

Kan   Man
Auch woll auff der Erden
Schmertzlicher betrübet werden /
Als wenn des Glückes Spiel
Zwey Verliebte trennen will?
Nun ich weiß auch was es ist/
Weñ man schöne Lippen küst/
Und die Lust verlassen soll/
Drum mein Engel lebe woll.
Such die Freude
Nicht im Leide/
Liebe mich /
wie ich
dich.

(nach Adler, Ernst 1987, 96)

Das Gedicht ist so gesetzt, dass es den Umriss eines Herzens nachzeichnet. Das ist ein Hinweis auf sein Thema: Es ist ein Liebesgedicht. Die Versgliederung wird dabei aber nicht aufgehoben. Die Gestalt des Gedichtes ist lediglich figürlich: Die Zeilen sind so angeordnet, dass sie den Umriss eines Herzens zumindest erahnen lassen. Ihr Verscharakter wird dabei der Gestalt nicht geopfert, er bleibt erhalten.

Das gilt allerdings nicht für alle Visuelle Poesie. Bei manchen wird die graphische Gestalt ohne Berücksichtigung von Vers und Wort realisiert, so etwa bei Reinhard Döhls *Apfel* (vgl. Lamping 2000, 35). Manche verteilen auch lediglich Buchstaben oder Wörter über eine Fläche wie das *Gesetzte Bildgedicht* von Kurt Schwitters (vgl. ebd., 33) oder F. T. Marinettis *Le soir, couchée dans sons lit, elle realisait la lettre de son artilleur au front* (vgl. Lamping 2008, 90, außerdem Adler, Ernst 1987, 257). Marinettis Graphik mag noch einen mimetischen Charakter beanspruchen: Auf dem Bild sind die Silhouette einer im Liegen lesenden Frau zu erkennen und in der Art einer Explosion angeordnete Buchstaben und Wörter, darunter auch „ESPLOSIONE". Verse sind nicht mehr zu erkennen. Solche Visuelle Poesie ist keine visuelle Lyrik (zum Begriff vgl. Ernst 2002).

Nicht viel anders steht es mit Phonetischer Poesie. Das Lautgedicht, das inzwischen gut ein Jahrhundert alt ist, weist wie die Visuelle Poesie einen Überschneidungsbereich mit der Lyrik auf. Ein Beispiel dafür ist Ernst Jandls *Ode auf N*, die das Wort Napoleon in einzelne Laute zerlegt, die wiederum unterschiedlich kombiniert werden, bis sie am Ende den Namen ergeben. Der Anfang lautet:

lepn
nepl
lepn
nepl
lepn
nepl
o lepn
o nepl
nnnnnnnn
(Jandl 1976, 31).

Der Sinn dieses Verfahrens erschließt sich im Lesen weniger als im Hören. *Ode auf N* ist ein „Sprechgedicht", wie Jandl es nannte. Die Kritik an dem Feldherrn und Kaiser, die es zum Ausdruck bringt, wird am wirkungsvollsten über die Stimme des Autors bei der Rezitation seines Gedichts vermittelt (vgl. von Ammon, 106–116). Auch wenn sich die Laute, aufgeschrieben und gedruckt, nach der Art von Versen setzen lassen, ist dieses Gedicht keine „rein textuelle Angelegenheit" mehr, wie Frieder von Ammon gezeigt hat (vgl. ebd., 116). Seine Expressivität verlangt geradezu nach dem Vortrag. Gleichwohl ist es noch sinnhaltige Rede und ein Gedicht.

Das ist anders bei Jandls *minz den gaawn*:

minz den gaawn
bill den baud
minz den gaawn
bill den baud
kittl koo
kittl koo
minz den gaawn
gnaz den eschn
ruttl znop
(ebd., 132).

Im Druck sind die Zeichen zwar wie Wörter und Verse angeordnet, doch Rede oder einen Text ergeben sie nicht. Denn sie sind, wie Jandl selbst geschrieben hat, „Gedichte in imaginärer Sprache mit erfundenen Wörtern, die Wörter tatsächlich sein könnten, wenn irgendein Lexikograph sich ihrer erbarmte. Er müßte ihnen allerdings erst einen Sinn einhauchen" (zit. nach von Ammon 2018, 485). In diesem Fall handelt es sich um „freie Lautkombinationen" (ebd.), die keine sinnvolle Rede mehr ergeben.

Nicht immer lässt sich jedoch die Grenze von Lyrik und avantgardistischen Experimenten scharf und eindeutig ziehen. Solche Uneindeutigkeiten lassen sich als Zeichen von Übergängen zwischen Lyrik und Visueller Poesie einerseits, Lyrik und Phonetischer Poesie andererseits deuten, deren Ränder letztlich unscharf sein können. Zwei prominente, für manche geradezu klassische Beispiele können das verdeutlichen.

Eine Ansammlung bloß graphischer Zeichen hat Christian Morgenstern mit einem Titel versehen in seinem berühmtesten visuellen Gebilde:

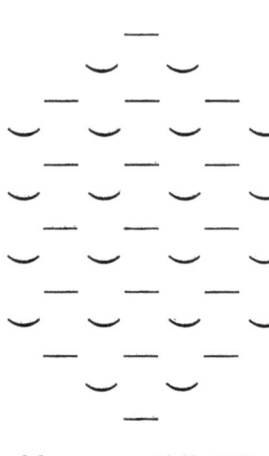

(Morgenstern 1968, 225)

Mit dem Titel eröffnet Morgenstern eine Deutung der ansonsten erst einmal bedeutungslosen Zeichen: als Zeichen für Hebungen und Senkungen, mit deren Hilfe man einen ‚Gesang' skandieren könnte, auch als Zeichen für Wellen oder, so eine andere Lesart, für geschlossene oder geöffnete Fischaugen – wenn es das gäbe. Der komische Unsinn, der durch solche graphischen Anspielungen entsteht, ist offensichtlich. Die Reihe der bloßen Zeichen wird gleichwohl durch die Assoziationen, die der Titel nahelegt, nicht zum Text. Der Titel rückt sie lediglich in die Nähe lyrischer Rede.

Auch ‚freie Lautkombinationen' sind schon früh mit Überschriften versehen und wie Verse gesetzt worden, gleichfalls von Christian Morgenstern in

Das große Lalulā

Kroklokwafzi? Sememēmi!
Seiokrontro – prafriplo:
Bifzi, bafzi; hulalēmi;
quasti basti bo ...
Lalu lalu lalu lalu la! [...]
 (Morgenstern 1968, 226)

Die Überschrift als einziges Moment einer bekannten Sprachlichkeit gibt zumindest einen, allerdings vagen Hinweis auf den Sinn der ansonsten sinnfreien – zumindest in ihrer Sinnhaftigkeit nicht erkennbaren – Laut- und Buchstabenkombinationen: Auch sie bewegen sich allenfalls am Rand der Lyrik, ihr teils noch zugehörig, teils nicht mehr.

Solche Unterscheidungen dürfen nicht falsch verstanden werden. Wenn sie als ‚Ausschlüsse' bezeichnet werden, dann schwingt mit der Bezeichnung eine negative Wertung mit – so als ginge es darum, Texten ihren poetischen Charakter abzusprechen oder ihnen den Zugang zur Literatur zu verweigern. Die Differenzierung ist vielmehr ein Mittel der Erkenntnis. Tatsächlich bewegen sich viele Texte der Avantgarde, zu denen die Visuelle und die Phonetische Poesie zu rechnen sind, außerhalb der überkommenen Gattungen. Das ist zumeist auch ihr ausdrücklicher Anspruch.

Eugen Gomringer hat in seinem programmatischen Essay *vom vers zur konstellation* 1954 schon festgestellt, dass „aus schlagzeilen, schlagworten, laut- und buchstabengruppen gebilde entstehen, die muster einer neuen dichtung sein können", und hinzugefügt: „verwandtschaft besteht aber weder formal noch substantiell, wo verse geschrieben werden, das gedicht in versform ist entweder eine historische größe oder, wenn heutig, eine kunsthandwerkliche reminiszenz" (Gomringer 1972, 154). Man kann, nach fast einem Dreivierteljahrhundert, die Polemik als selbst historisch außer Acht lassen. Der Anspruch einer *konkreten poesie* im Verständnis Gomringers ist auch so eindeutig: „neue dichtung" zu schaffen, jenseits der Lyrik.

Dies festzustellen, ist keine Abwehr eigensinniger Kunst. Es dient vielmehr dazu, einen zumindest beabsichtigten historischen Einschnitt zu erkennen. Die Geschichte mancher poetischer Avantgarde kann ohne die Lyrik geschrieben werden, wie auch die der Lyrik ohne die Berücksichtigung mancher Experimente der Avantgarde. Die Unterschiede werden letztlich nur verwischt, wenn der Begriff der Lyrik so weit gefasst wird, dass er auch Gebilde einschließt, die keine Texte mehr sind.

Die Unterscheidung von lyrischen Gedichten und Prosagedichten erscheint dagegen unproblematischer. ‚Poèmes en prosa', wie sie Charles Baudelaire seit den 50er Jahren des 19. Jahrhunderts schrieb und 1864 unter dem Titel *Le Spleen de Paris* als Buch herausbrachte, sind keine Gedichte. Konstitutiv für sie ist vielmehr „der weitgehende Verzicht auf fast alle überkommenen Mittel ‚poetischer' Diktion (Rhythmus, Klauseln, Alliteration, strophische Gliederung). Poesie, so will es die neue Gattung, soll hier einzig und allein durch Prosa erzeugt werden" (Kemp in: Baudelaire 1985, 345): So hat Friedhelm Kemp, ihr deutscher Übersetzer, ihren Anspruch prägnant formuliert. Insofern ist kaum zu bezweifeln, dass die Prosagedichte weder Gedichte noch lyrische Gedichte sind.

Nicht allein die metaphorische Bezeichnung lässt jedoch die Frage aufkommen, ob die einst „neue", heute längst etwa durch Arthur Rimbaud und Oscar Wilde, Rainer Maria Rilke und Robert Walser etablierte Gattung (vgl. Fülleborn 1970) den anderen Teil der Lyrik darstellt: die lyrische Prosa im Unterschied zum lyrischen Gedicht. Eine solche Ausweitung der Bedeutung von ‚Lyrik' hat zuletzt Rüdiger Zymner engagiert und pronunciert betrieben, sich dabei aber ganz anderer Kriterien bedient.

Allerdings sind die Konturen einer Gattung der lyrischen Prosa nicht ohne Weiteres zu erkennen. Schon in *Le Spleen de Paris* gibt es nicht nur Einzelrede. Doch auch dann, wenn sich ‚Prosagedichte' der Einzelrede bedienen, können sie narrativ und deskriptiv, aphoristisch und sogar essayistisch sein – ganz zu schweigen davon, dass auch philosophische Prosa, etwa die *Spuren* eines Ernst Bloch, Einzelrede sein kann. Das eine Merkmal der Einzelrede wäre daher nicht geeignet, ‚lyrische Prosa' zu definieren, wie es auf der anderen Seite allein auch nicht Lyrik hinreichend bestimmt. Der Entwurf einer Theorie lyrischer Prosa würde jedoch den Rahmen dieser Einführung übersteigen.

Literatur

Textausgaben

Charles Baudelaire: Le Spleen de Paris. Gedichte in Prosa. Sämtliche Werke/Briefe in acht Bänden. Band 8. Übersetzung und Kommentar von Friedhelm Kemp. München 1985.
Bertolt Brecht: Ausgewählte Gedichte. Auswahl von Siegfried Unseld. Nachwort von Walter Jens. Frankfurt a. M. 7. Aufl. 1973.
Bertolt Brecht: Ausgewählte Werke in sechs Bänden. Jubiläumsausgabe zum 100. Geburtstag. Frankfurt a. M. 1997.
Ernesto Cardenal: Gebet für Marilyn Monroe und andere Gedichte. Hg. und übertragen von Stefan Baciu. Mit einem Nachwort von Kurt Marti. Wuppertal 1972.
Paul Celan: Die Gedichte. Kommentierte Gesamtausgabe in einem Band. Hg. und kommentiert von Barbara Wiedemann. Frankfurt a. M. 2003.
Griechische Lyriker. Griechisch und Deutsch. Gänzlich überarbeitete Neuausgabe. Übertragen, eingeleitet und erläutert von Horst Rüdiger. Zürich, München 1968.
Karl Otto Conrady (Hg.): Das große deutsche Gedichtbuch. Von 1500 bis zur Gegenwart. München, Zürich 1991.
Simone Frieling (Hg.): Die Lyrik des Abendlandes. Von den Griechen bis zur Gegenwart. Köln 2009.
Theodor Fontane: Gedichte in einem Band. Hg. von Otto Drude. Frankfurt a. M., Leipzig 1998.
Johann Wolfgang Goethe: Tagebücher. Zweiter Ergänzungsband der Goethe-Gedenkausgabe. Mit einem Bildnis Goethes aus dem Jahre 1832. Hg. von Peter Börner. Zürich, Stuttgart 1964.
Johann Wolfgang Goethe: Werke. Kommentare und Register. Hamburger Ausgabe in 14 Bänden. Hg. von Erich Trunz. München 13. Aufl. 1982.
Johann Wolfgang Goethe: Briefe. Band I: 1764–1786. Textkritisch durchgesehen und mit Anmerkungen versehen von Karl Robert Mandelkow unter Mitarbeit von Bodo Morawe. München 1988.
Eugen Gomringer (Hg.): konkrete poesie. deutschsprachige autoren. anthologie. Stuttgart 1972.
Georg Wilhelm Friedrich Hegel: Werke in 20 Bänden. Auf der Grundlage der Werke von 1832–1845 neu edierte Ausgabe. Redaktion Eva Moldenhauer und Karl Markus Michel. Band 15: Vorlesungen über die Ästhetik 3. Frankfurt a. M. 1986.
Ernst Jandl: Laut und Luise. Mit einem Nachwort von Helmut Heißenbüttel. Stuttgart 1976.
Zbigniew Herbert: Herr Cogito. Edition, Übersetzung und Nachwort von Karl Dedecius. Frankfurt a. M. 1974.
Henricus Keil (Hg.): Grammatici Latini. Band 1. Hildesheim, New York 1981.
Christian Morgenstern: Gesammelte Werke. In einem Band. Hg. von Margareta Morgenstern. München 1968.
Rainer Maria Rilke: Werke. Kommentierte Ausgabe in vier Bänden. Hg. von Manfred Engel u. a. Frankfurt a. M., Leipzig 1996.
Joachim Ringelnatz: Das Gesamtwerk in sieben Bänden. Hg. von Walter Pape. Zürich 1994.

Forschungsliteratur

Jeremy Adler, Ulrich Ernst: Text als Figur. Visuelle Poesie von der Antike bis zur Moderne. Weinheim 1987.
Frieder von Ammon: Fülle des Lauts. Aufführung und Musik in der deutschsprachigen Lyrik seit 1945: Das Werk Ernst Jandls in seinem Kontext. Mit 18 Abbildungen und acht Notenbeispielen. Stuttgart 2018.
Ulrich Ernst: Visuelle Poesie. Historische Dokumentation theoretischer Zeugnisse. Band 1: Von der Antike bis zum Barock. Berlin u. a. 2012.
Ulrich Ernst: Intermedialität im europäischen Zusammenhang. Beiträge zur Theorie und Geschichte der visuellen Lyrik. Berlin 2002.
Ulrich Fülleborn: Das deutsche Prosagedicht. Zu Theorie und Geschichte einer Gattung. München 1970.
Klaus W. Hempfer: Überlegungen zur historischen Begründung einer systematischen Lyriktheorie. In: Ders. (Hg.): Sprachen der Lyrik. Von der Antike bis zur digitalen Poesie. Stuttgart 2008, S. 33–60.
Klaus W. Hempfer: Lyrik. Skizze einer systematischen Theorie. Stuttgart 2014.
Max Kommerell: Gedanken über Gedichte. Frankfurt a. M. 1943.
Dieter Lamping: Das lyrische Gedicht. Definitionen zu Theorie und Geschichte der Gattung. Göttingen 3. Aufl. 2000.
Dieter Lamping: Moderne Lyrik. Eine Einführung. Göttingen 2008.
Dieter Lamping: Eine Theorie des lyrischen Gedichts. In: Recherches germaniques 14 (2019), S. 31–37.
Wolfgang G. Müller: Das lyrische Ich. Erscheinungsformen gattungseigentümlicher Autor-Subjektivität in der englischen Lyrik. Heidelberg 1979.
Wolfgang G. Müller: Das Problem der Subjektivität der Lyrik und die Dichtung der Dinge und Orte. In: Ansgar Nünning (Hg.): Literaturwissenschaftliche Theorien, Modelle und Methoden. Eine Einführung. Trier 1995, S. 93–105.
Wolfgang G. Müller: Die Sprache der Lyrik. In: Dieter Lamping (Hg.): Handbuch Lyrik. Theorie, Analyse, Geschichte. Stuttgart 2. Auflage 2016, S. 84–91.
Jochen Petzold: Sprechsituationen lyrischer Dichtung. Ein Beitrag zur Gattungstypologie. Würzburg 2012.
Hans-Herbert Räkel: Das Gewissen der Sprache oder Abschied von der Versmelodie. Waldkirch 2021.
Wulf Segebrecht: Johann Wolfgang Goethes Gedicht „Über allen Gipfeln ist Ruh" und seine Folgen. Zum Gebrauchswert klassischer Lyrik. Text, Materialien, Kommentar. München 1978.
Emil Staiger: Grundbegriffe der Poetik. Zürich 3. Aufl. 1956.

Einordnung 7

Inhaltsverzeichnis

1 Neuere Lyrik-Theorien. 57
2 Kritik der Theorie des lyrischen Gedichts 59
Literatur 60

1 Neuere Lyrik-Theorien

Die Theorie des lyrischen Gedichts ist entstanden aus einer Auseinandersetzung mit den wichtigsten theoretischen Arbeiten der zweiten Hälfte des 20. Jahrhunderts. Sie folgt zeitlich auf ältere Theorien und wird von neueren gefolgt. Sie ist nicht der einzige Versuch, Konsequenzen aus den Aporien früherer Lyrik-Theorien zu ziehen. Vor allem vier andere wären zu nennen (vgl. zum Folgenden Lamping 2010; zu weiteren neueren Arbeiten vgl. Zymner 2016, 28–34).

In der Sache ähnlich wie Conrady hat Dieter Burdorf Lyrik als „die Gattung", definiert, „die alle Gedichte umfasst" (Burdorf 2015, 20). Ein Gedicht bestimmt er durch zwei Eigenschaften, von denen die eine aber bloß negativ ist. Ein Gedicht, so legt er fest, sei „eine mündliche oder schriftliche Rede in Versen" (ebd., 21), und es sei „kein Rollenspiel, also nicht auf szenische Aufführbarkeit hin angelegt" (ebd.). Weitere „Eigenschaften" von Lyrik, die er anführt, wie etwa „grammatische Abweichungen von der Alltagssprache", „relative Kürze", „Selbstreflexivität", „einfache Redesituation", „unmittelbare Ansprache der Lesenden", ein bestimmter „Wortgebrauch" und „Sangbarkeit" sind aus der Definition selber nicht abzuleiten. Das verbindet sie mit Walther Killys Beschreibung der *Elemente der Lyrik*. Burdorf fügt denn auch einschränkend hinzu, dass „zwar einige" der Eigenschaften „auf viele oder sogar die meisten Gedichte zutreffen, keineswegs aber alle bei jedem Gedicht zu beobachten sind" (ebd.).

© Der/die Herausgeber bzw. der/die Autor(en), exklusiv lizenziert an Springer-Verlag GmbH, DE, ein Teil von Springer Nature 2024
D. Lamping, *Theorie des lyrischen Gedichts,*
https://doi.org/10.1007/978-3-662-69471-8_7

Doch nicht nur diese theoretische Inkonsequenz ist gegen seinen Versuch einzuwenden. Problematisch ist auch seine Setzung, dass auf den „Doppelbegriff ‚lyrisches Gedicht'" zu verzichten sei: „Demnach sind alle Gedichte lyrisch" (ebd., 20). ‚Lyrisches Gedicht' ist allerdings kein Doppelbegriff – in dem Sinn, dass beide Ausdrücke, Adjektiv und Substantiv, dasselbe meinen würden. Lessing hat zum Beispiel bei seinem *Nathan der Weise* von einem ‚dramatischen Gedicht' gesprochen. Außerdem sind nicht nur Goethes *Faust*, auch Dantes *Göttliche Komödie* unbestreitbar Verstexte, aber kein Kenner würde sie deshalb lyrisch nennen. Die Unterscheidung zumindest von lyrischen und dramatischen Gedichten scheint, widersprüchlicherweise, sogar Burdorfs eigener Definition impliziert zu sein, wenn er Gedichte ausschließt, die Rollenspiele sind.

Methodisch ähnlich wie Killy hat auch Eva Müller-Zettelmann eine additive Theorie entworfen, die sie als ein „Mehrkomponentenmodell" der „lyrischen Gattung" bezeichnet (Müller-Zettelmann 2000, 15). Zu den „Charakteristika der Lyrik" (ebd., 73), die sie auch ‚Tendenzen' (vgl. ebd., 73 u. ö.) nennt, gehören die „Tendenz zu relativer Kürze", die „zu erhöhter manifester Artifizialität", die „zu erhöhter ästhetischer Selbstreferenzialität", die „zu erhöhter Devianz", die „zu erhöhter epistemologischer Subjektivität" und die „zur Generierung einer labilen ästhetischen Illusion" (vgl. ebd., 73–138).

Problematisch ist dabei nicht die Annahme „lyrischer Heterogenität" (ebd., 20), die allerdings differenzierter und präziser als Pluralität zu beschreiben wäre – was auch der Rede von einer „Familie der Lyrik" (ebd., 63) eher entsprechen würde. Das ‚Mehrkomponentenmodell' ist gedacht als „Beschreibung einer ‚Familienähnlichkeit'" im Sinn Wittgensteins, deren Charakteristika „zu einer kumulativen Gattungsbestimmung vereint" werden (ebd.). Doch die ahistorische Reihung von Merkmalen kann kaum eine ‚Familienähnlichkeit' begründen, die immer eine historische Linie voraussetzt, gewissermaßen einen Stammbaum. Bezeichnend für die Problematik der Methode ist auch, dass die Überschneidung zwischen dem ‚Mehrkomponentenmodell' und den ähnlich angelegten ‚Elementen der Lyrik' Killys gering ist (zu weiterer Kritik vgl. Hempfer 2014, 19).

Auch Klaus W. Hempfer hat sich in seiner „Skizze einer systematischen Theorie" der Lyrik eines der ‚Familienähnlichkeit' ähnlichen Konzepts der Prototypen bedient. Sein Ziel ist eine ‚transhistorische' Bestimmung einer spezifisch lyrischen Äußerungsstruktur. Auch er bedient sich des Redekriteriums, legt den Akzent aber auf Sprecher und Sprechsituation. Dabei geht es ihm vor allem um „Simultaneität bzw. Koinzidenz von Sprechsituation und besprochener Situation" (Hempfer 2014, 32), die durch eine „Performativitätsfiktion" (ebd., 30) gekennzeichnet ist. Insofern spricht er dann auch von der „Fiktionalität des lyrischen Sprechens" (ebd., 42).

Hempfers Arbeit hat ihr Verdienst in der präzisen Beschreibung eines lyrischen Typus. Offensichtlich verallgemeinert er aber diesen einen Typus, den performativen, sprecher- und situationsbezogenen, der nur eine Möglichkeit lyrischer Rede darstellt. Die Auswahl seiner vier Fallstudien: Sappho, Petrarca, Goethe und Rimbaud, ist zwar historisch breit gestreut, dennoch im Ganzen kaum repräsentativ, sondern selektiv (zur Kritik vgl. auch Zymner 2015) und durch die geringe Zahl schon methodisch nicht geeignet, eine große Gattung zu bestimmen.

Nach Rüdiger Zymner ist Lyrik „Repräsentation von Sprache als generisches Display sprachlicher Medialität und damit als generischer Katalysator ästhetischer Evidenz" (Zymner 2009, 140). Seine Theorie versucht „strukturanalytische Ansätze" (ebd., 139) mit wahrnehmungspsychologischen und kognitionswissenschaftlichen zu verbinden. Zentral für sie sind die Begriffe ‚Display' und ‚Katalysator': „Sprache als ‚bildendes Organ des Gedankens' (und Lyrik als generisches Display sprachlicher Medialität) sowie als ‚Auslöser' für Sinnbildung (Lyrik als Katalysator für ästhetische Evidenz)" (ebd.) kennzeichnen Lyrik in seinem Sinn. Allerdings ist dieser Lyrikbegriff so weit gefasst, dass er – im Unterschied zu allen anderen vorliegenden Theorien – auch Texte ohne Versform einschließt (vgl. Lamping, Theorien, 327).

Zymner hat seiner Theorie damit einen erheblich weiteren Lyrik-Begriff zugrunde gelegt als andere, der, ähnlich dem Harald Frickes, dem gängigen Sprachgebrauch nicht entspricht. Er ist keine Explikation, sondern eine systematische Konstruktion dessen, was Zymner, nicht ganz klar, als „Lyrik im allgemeinen" (Zymner 2009, 22) bezeichnet.

Seine Theorie ist um größtmögliche Explizitheit bemüht. Die angestrebte Präzision hat allerdings ihren Preis. Die zahlreichen neu eingeführten Ausdrücke sind alle erklärungsbedürftig und dies zum Teil in einem unübersichtlichen Ausmaß. Die Explikation etwa des für die Definition zentralen – wie ‚Katalysator' letztlich metaphorischen – Begriffs ‚Display' verweist auf zehn weitere definitionsbedürftige Ausdrücke (vgl. Zymner 2019, 32). Es ist nur konsequent, dass Zymner ein eigenes, 25 Seiten umfassendes ‚lyrikologisches' Begriffs-Lexikon angelegt hat, von A wie Adressant bis Z wie Zeitgeber. Solche terminologischen Anstrengungen entfernen sich vom überkommenen Sprachgebrauch, dem sie offenbar misstrauen, zumindest wenig an Genauigkeit zutrauen, und laufen dabei Gefahr, esoterisch zu werden.

2 Kritik der Theorie des lyrischen Gedichts

Die Theorie des lyrischen Gedichts ist ein Versuch, die Befangenheiten und Begrenztheiten älterer Theorien zu überwinden – ohne allerdings den Anspruch zu erheben, selbst von solchen Mängeln ganz frei zu sein. Die Lyrik-Theorie ist, wie alle Wissenschaft, ein unendlicher Prozess der Verbesserung. Das gilt auch für die Theorie des lyrischen Gedichts. Sie ist in den genannten neueren Ansätzen in unterschiedlicher Hinsicht kritisiert worden. Die Diskussion sei nur kurz skizziert, ohne Berücksichtigung von anderer Seite bereits abgewiesener theoretischer Versuche, wie etwa der narratologischen und fiktionstheoretischen Definitionen der Lyrik (vgl. Zymner 2009, 9 u. ö.).

Karl Otto Conrady hat in der Theorie „Normatives" gesehen, weil sie Ausschlüsse impliziert. Wo es sie gibt, liegt für ihn bereits Normativität vor (vgl. Conrady 1994, 48). Dieter Burdorf hat vorgeschlagen, die „grundsätzliche begriffliche Trennung von ‚Lyrik', ‚lyrisch' und ‚Gedicht' aufzugeben, zumal die Definition des ‚Lyrischen' als ‚Einzelrede' unplausibel, zu restriktiv und gegen den eingeführten Sprachgebrauch gerichtet" sei (vgl. Burdorf 2015, 20). Klaus W. Hempfer hat bemängelt, dass die Definition des lyrischen Gedichts als Einzelrede in Versen keine „Skalierungen von ‚Lyrikhaftigkeit'" erlaube (Hempfer 2014, 16), also zu starr, weil „rein" klassifikatorisch (vgl. ebd.) sei. Rüdiger Zymner hat kritisiert, dass die Theorie des lyrischen Gedichts „lediglich einen bestimmten Typus der Lyrik" (Zymner 2009, 23), eben das lyrische Gedicht, erfasse: „Lyrik kann aber auch aus ‚Nicht-Texten', nämlich aus Schriftzeichen und Schriftzeichengebilden bestehen, die keinerlei Sukzessivität oder Sinnhaltigkeit in einem linguistischen Sinn aufweisen" (ebd., 23). Diese Einwände, in die jeweils die eigene Position der Kritiker eingegangen ist, sollen hier nicht weiter erörtert werden, sondern der Beurteilung durch den Leser überlassen bleiben.

Festzuhalten ist lediglich, dass die neue lyriktheoretische Diskussion auch deshalb nicht zu einem Konsens geführt hat, weil sie erkennbar nicht immer auf demselben Vorverständnis ihres Gegenstands basiert. Burdorfs Sammelbegriff für alle Gedichte und Zymners Theorie der ‚Sprachzeichengebilde' weisen zwar Überschneidungen mit der Gattung des lyrischen Gedichts auf, sind mit ihr jedoch letztlich nicht identisch. Hempfer wiederum vermag nur einen kleinen Bereich der Lyrik zu erfassen, dessen prototypischer Charakter Behauptung bleibt. Allen diesen Begriffen, die den Boden des überkommenen Sprachgebrauchs verlassen, liegt nicht derselbe Gegenstandsbegriff zugrunde wie der Theorie des lyrischen Gedichts.

Die verschiedenen Positionen, die referiert wurden, bestehen, mehr oder weniger scharf voneinander abgegrenzt, zum großen Teil nebeneinander. Darin hat Rüdiger Zymner „ein offenkundiges Beharrungsvermögen dessen" gesehen, „was man mit dem Stichwort ‚Lyrik-Problem' zusammenfassen und als Mangel an begrifflicher, systematischer wie historischer Deutlichkeit der Gattung Lyrik bezeichnen könnte" (Zymner 2009, 8). Das ist vielleicht zu entschieden geurteilt. Angesichts der Pluralität und Komplexität der Lyrik ist ein Ende der verschiedenen theoretischen Bemühungen und ihrer Dissense nicht zu erwarten.

Literatur

Dieter Burdorf: Einführung in die Gedichtanalyse. Stuttgart 3. Aufl. 2015.
Karl Otto Conrady: Kleines Plädoyer für Neutralität der Begriffe Lyrik und Gedicht. In: Joseph Kohnen, Hans-Joachim Solms, Klaus-Peter Wegera (Hg.): Brücken schlagen... ‚Weit draußen auf eigenen Füßen'. Festschrift für Fernand Hoffmann. Frankfurt a. M. u. a. 1994, S. 35–57.
Klaus W. Hempfer: Lyrik. Skizze einer systematischen Theorie. Stuttgart 2014.
Dieter Lamping: Theorien der Lyrik. In: Rüdiger Zymner (Hg.): Handbuch Gattungstheorie. Stuttgart, Weimar 2010, S. 270–273.
Eva Müller-Zettelmann: Lyrik und Metalyrik. Theorie einer Gattung und ihrer Selbstbespiegelung anhand von Beispielen aus der englisch- und deutschsprachigen Dichtkunst. Heidelberg 2000.
Rüdiger Zymner: Texttypen und Schreibweisen. In: Thomas Anz (Hg.): Handbuch Literaturwissenschaft. Band 1: Gegenstände und Grundbegriffe. Stuttgart, Weimar 2007, S. 25–80.
Rüdiger Zymner: Lyrik. Umriss und Begriff. Paderborn 2009.

Rüdiger Zymner: Rezension von Klaus W. Hempfer: Lyrik. In: Arbitrium 33 (2015), 2, S. 129–133.
Rüdiger Zymner: Theorien der Lyrik seit dem 18. Jahrhundert. In: Dieter Lamping (Hg.): Handbuch Lyrik. Theorie, Analyse, Geschichte. Stuttgart 2. Auflage 2016, S. 23–36.
Rüdiger Zymner: Begriffe der Lyrikologie. In: Claudia Hillebrandt u. a. (Hg.): Grundfragen der Lyrikologie 1: Lyrisches Ich, Textsubjekt, Sprecher? Berlin, Boston 2019, S. 25–50.

Verfasser und Sprecher des lyrischen Gedichts

8

Inhaltsverzeichnis

1 Rede und Sprecher 63
2 Der Verfasser als Sprecher 64
3 Der Verfasser als Dichter 66
4 Der Sprecher und die Sprecher 68
5 Der Verfasser als Sprecher einer Person 69
6 Der Verfasser als Sprecher einer Figur 69
7 Der Sprecher und das Ich 70
8 Der Verfasser und seine Stimme 72
Literatur 73

1 Rede und Sprecher

Die Bestimmung des lyrischen Gedichts ist zwar eine Minimaldefinition, die sich auf die notwendigen Merkmale der Gattung beschränkt. Von ihr ausgehend lassen sich jedoch Antworten auf grundlegende Fragen geben, die die Lyrik-Theorie beschäftigen. Die erste gilt dem Sprecher des Gedichts und ist in verschiedenen Zusammenhängen inzwischen unterschiedlich gestellt worden – etwa als: Wer spricht das Gedicht? oder häufiger als: Wer spricht im Gedicht? (vgl. dazu ausführlicher Hillebrandt u. a. 2019) Gegen beide Formulierungen ist vor allem der Einwand vorgebracht worden, dass sie ungenau seien. In der Verwendung des Verbs „sprechen" haben Claudia Hillebrandt u. a. etwa eine „Festlegung auf gesprochene Sprache" (ebd., 2) gesehen, die manches ausschließe, vor allem Gedichte im „Medium der Schrift" (ebd.).

An dem Verb soll hier gleichwohl festgehalten werden. Es ist ein Wort mit vielen Bedeutungen, die vieles abdecken. Eine davon ist tatsächlich die „Lautbildung" (Art. Sprechen, in Grimms Wörterbuch 1984, 2800): das laute

Aussprechen. *Grimms Wörterbuch* verzeichnet aber noch weitere Bedeutungen wie „das hervorbringen von sprachlichen gebilden (wörter, sätze) schlechthin" (ebd.), die „mittheilung durch das mittel des wortes" (ebd., 2838), ja selbst „die abfassung von dichtungen" (ebd., 2837). Es heißt dort sogar: „häufiger als vom gesprochenen worte, sagt man vom geschriebenen, dasz es *spricht*" (ebd., 2841). Es spricht also nichts dagegen, weiter vom Sprechen im Gedicht zu sprechen, wenn das Wort dabei allerdings in einem weiten Sinn verstanden wird: als Bezeichnung für lautes wie für stilles Sprechen, das das Lesen immer auch ist, und im Hinblick sowohl auf gesprochene wie auf geschriebene Äußerungen. Der Sprecher ist entsprechend der, dem dieses Sprechen zugeordnet – sozusagen zugesprochen wird.

Die Frage nach dem Sprecher des Gedichts mag naheliegend sein, weil es offensichtlich zu jeder Rede auch einen geben muss, der sie äußert. Gerade weil er in die Minimal-Bestimmung nicht aufgenommen ist, stellt sich für die Theorie – nicht für die Definition – die Frage, wie die Redeverhältnisse im lyrischen Gedicht beschaffen sind.

Für die Beschreibung dieser Konstellation (vgl. etwa die anders ausgerichtete, skizzenhafte Typologie von Zymner 2009, 11) haben sich in der Lyrik-Theorie verschiedene Begriffe eingebürgert. Die Rede ist etwa vom Autor als der realen Person und, von ihm unterschieden, vom ‚impliziten' oder ‚abstrakten Autor' (Schmid 2021, 33), der auch ‚Textsubjekt' genannt wird (vgl. Burdorf 2015, 194–195), oder vom ‚lyrischen' oder ‚poetischen Subjekt' (Grübel 2021, 111), dem Adressanten (Müller 2021, 71) u. ä. Die Diskussion wird kontrovers geführt (vgl. Stahl u. a. 2021, sowie Zymner 2021, 33), nicht nur weil die Terminologie vorbelastet ist, vor allem im Fall des implikationsreichen Subjektbegriffs durch die Herkunft aus der älteren Lyrik-Theorie. Sie führt auch zu Komplikationen wie etwa der verwirrenden Frage, ob im Gedicht zwei Subjekte sprechen. Zur Klärung der Redeverhältnisse wird deshalb hier auf die kursierende Begrifflichkeit weitgehend verzichtet und eine weniger vorgeprägte und zugleich einfachere für eine sachnahe Beschreibung vorgezogen.

2 Der Verfasser als Sprecher

Die Frage, wer im Gedicht spricht, ist von der zu unterscheiden, wer ein Gedicht geschrieben hat. Sie ist theoretisch offenbar einfacher zu beantworten: Jeder Text hat zumindest einen Urheber, den man den Autor oder den Verfasser nennt. In der Regel wird er auch ausdrücklich genannt. Doch selbst wenn er anonym bleibt, wird die Existenz eines solchen Urhebers nicht angezweifelt (der grundsätzlich auch Teil einer Gruppe sein kann). Er ist – zumindest in der Zeit vor der Ausbreitung Künstlicher Intelligenz – eine natürliche Person, der aus ihrer Autorschaft bestimmte Rechte und Pflichten entstehen, auf die etwa in urheberrechtlichen Auseinandersetzungen Bezug genommen wird.

Die Frage, wer im Gedicht spricht, ist insgesamt schwerer zu beantworten, obwohl es auf sie auch einfache Antworten gibt. Tatsächlich stellt sich die Frage nicht immer, weil die Antwort oft auf der Hand liegt. Es gibt Gedichte, bei deren

2 Der Verfasser als Sprecher

Lektüre sie sich nicht aufdrängt. Manchmal ist offenbar wichtiger, *was* gesagt wird, als *wer* das wie tut. Der Kontext einer Einzelrede scheint dann zunächst für das Verständnis nicht relevant zu sein.

Das gilt beispielsweise für Erich Kästners *Physikalische Geschichtsbetrachtung*: Bei diesem Epigramm ist weder ein bestimmter Sprecher noch eine bestimmte Sprechsituation zu erkennen. Was in ihm gesagt oder behauptet wird, ist als allgemein gültige Erkenntnis gedacht. Wer es gesagt hat und wann, ist für die Theorie erst einmal nicht wichtig, auch wenn es in anderen, etwa historischen Zusammenhängen durchaus aufschlussreich sein kann. Es liegt nahe, für solche lyrischen Gedichte anzunehmen, dass sie Äußerungen des Verfassers sind, die seine Ansichten wiedergeben.

In anderen Gedichten wieder ist es offensichtlich, wer spricht. Ein solches Gedicht ist Reiner Kunzes *Fern kann er nicht mehr sein*:

> Fern kann er nicht mehr sein,
> der tod
>
> Ich liege wach,
> damit ich zwischen abendrot und morgenrot
> mich an die finsternis gewöhne
>
> Noch dämmert er,
> der neue tag
>
> Doch sag ich, ehe ich's
> nicht mehr vermag:
> Lebt wohl!
>
> Verneigt vor alten bäumen euch,
> und grußt mir alles schone.
> (Kunze 2018, 58)

Das „Ich", das in diesen Versen spricht, identifiziert ein Leser ohne Weiteres mit dem Verfasser. Offensichtlich redet Reiner Kunze in diesen Zeilen über die Erwartung des baldigen Sterbens: Er äußert sich in eigener Sache. Schon geringes Wissen über den Autor, wie es etwa der Klappentext bereithält, lässt das plausibel erscheinen. Als das Gedicht erschien, war Kunze 85 Jahre alt – ein alter Mann, der sich dem Tod nahe fühlte. Insofern er die Erfahrung gemacht hatte, die er beschreibt, ist das Gedicht auf seine eigene Existenz bezogen. In ihm spricht also Reiner Kunze: Der Verfasser ist auch der Sprecher.

Solche Gedichte haben der Lyrik den Ruf eingetragen, subjektiv zu sein. In ihnen gibt es ein lyrisches Ich, das von sich in der ersten Person Singular spricht und mit dem Autor gleichzusetzen ist. Anders als es in einem epischen oder dramatischen Text üblich ist, drückt es sich, seine Gefühle und Gedanken, im Gedicht aus. Es ist mit seiner Person, mehr oder weniger konkret aufweisbar, verbunden. Solche Lyrik legt eine einfache Antwort auf die Frage nahe, wer sich im Gedicht zu Wort meldet. Sie lautet: *Im lyrischen Gedicht spricht der Verfasser.*

Man kann die Feststellung auch über den Fall hinaus verallgemeinern, dass der Autor von sich, in der ersten Person Singular, spricht: Er kann stattdessen etwa genauso allgemeine Erkenntnisse mitteilen, zu denen er gefunden hat. So ist es in Kunzes Gedicht *Verlangt vom Dichter nicht*:

> Verlangt vom dichter nicht,
> was einzig das gedicht kann leisten
>
> Verlangt vom dichter
> das gedicht
>
> Ist's ohnegleichen,
> kann er das wasser ihm nicht reichen
> (ebd., 34)

Auch wenn der Autor in diesen Zeilen grammatisch nicht in der ersten Person spricht, ist doch offensichtlich, dass er sagt, was er denkt oder gedacht hat – in diesem Fall sind es Grundgedanken seiner Poetik. Noch allgemeiner könnte man behaupten: Der Verfasser hat geschrieben, was im Gedicht steht. Das Werk ist seine Schöpfung, er ist sein Urheber. Insofern ist er es auch, auf den man alles, was in seinem Text steht, zurückführen kann – selbst wenn es nicht nur für ihn gelten mag und er seinen Fall verallgemeinert, der aber immer noch seiner ist, wenn auch nicht nur seiner.

3 Der Verfasser als Dichter

Allerdings muss man gleich differenzieren, wenn man in dieser Weise feststellt, der Verfasser spreche im Gedicht. Gerade wenn man es auf ihn bezieht und dabei womöglich über biographisches Wissen verfügt, kann ein Unterschied nicht verborgen bleiben: Der Verfasser äußert sich üblicherweise nicht so wie in seinen Gedichten. Sie haben nicht nur oft ihre eigene Sprache, sie haben auch immer ihre eigene Form. Sätze wie „Verlangt vom dichter/ das gedicht" oder „Verneigt vor alten bäumen euch", sagt auch Reiner Kunze nur, wenn er zum Dichter wird – wenn er also ein Gedicht schreibt. Er dichtet, indem er Worte findet, sie zusammenstellt und ordnend gestaltet: Er gibt ihnen eine Form, die normalsprachliche Prosa nicht besitzt, auch seine eigene nicht. Das aber bedeutet: Im Gedicht spricht nicht einfach sein Urheber. *Im lyrischen Gedicht spricht der Verfasser als Dichter.*

Der Unterschied scheint fein, ist aber bedeutsam. Tatsächlich kann der Autor auch sprechen, ohne zum Dichter zu werden. Der Wissenschaftler, der Philosoph, selbst der Essayist sind, wenn sie ihre Gedanken und Erkenntnisse mitteilen, Schriftsteller, aber noch keine Dichter. Auch Reiner Kunze kann als Schriftsteller sprechen – hat es auch getan –, und er kann als Reiner Kunze sprechen: als Mensch in gewöhnlicher, außerliterarischer Kommunikation. Zweifellos ist er sich bewusst, dass er als Dichter, Verse schreibend, anders spricht.

Kunze deutet das auch zumindest an, wenn er in seinen Versen dem Gedicht eine Selbständigkeit zubilligt. Diese Eigengesetzlichkeit bestimmt er zwar nicht, aber er zeigt sie: durch die Form und die Sprache. Das Gedicht besteht aus sechs Versen, die zu Gruppen von jeweils zwei angeordnet sind und von denen sich vier reimen. Der Reim geht also nicht vollständig auf: Das Wort Dichter bleibt ohne Reimwort – als sollte damit bedeutet werden, dass der Autor wie sein Gedicht für sich steht.

Der Verfasser ist jedoch nicht eine andere Person als der Dichter. Das Dichten ist nur eine Tätigkeit, die er ausübt. Auch wenn er sie versieht, zeichnet sie aus, dass sie eigenen Gesetzen folgt, die nicht unbedingt in seiner Person begründet sind. Der Dichter ist eine Rolle des Verfassers. Diese Rolle kann allerdings unterschiedlich stark ausgeprägt sein.

Das wird etwa deutlich, wenn eine Person sich selber als Dichter stilisiert – wie es der junge Bertolt Brecht getan hat in seinem berühmt gewordenen Gedicht *Vom armen B.B.* Die Selbststilisierung beginnt bereits mit den Initialen, die den bürgerlichen Namen abkürzen, und sie setzt sich in den Beschreibungen der vitalistischen Verhaltensweisen des jungen Dichters fort, wie etwa:

> In meine leeren Schaukelstühle vormittags
> Setze ich mir mitunter ein paar Frauen
> Und ich betrachte sie sorglos und sage ihnen:
> In mir habt ihr einen, auf den könnt ihr nicht bauen.
>   (Brecht 1997, III, 120).

Solche Selbststilisierung des Dichters kann noch weiter gehen, etwa wenn ein Hans Gustav Bötticher sich als Autor – und eigener Rezitator – das Pseudonym Joachim Ringelnatz zulegt und unter diesem Namen zum Beispiel *Joachim Ringelnatzens Turngedichte* veröffentlicht, in denen er gelegentlich, so in *Während der Riesenwelle*, auch weiter „ich" sagt.

Die Dichter-Rolle ist gleichfalls ausgeprägt, wenn ein Autor unter eigenem Namen veröffentlicht, aber sich einer Form und einer Sprache bedient, die schon vorher existiert haben. Der Petrarkismus, beispielsweise, basiert genau darauf, ein vorgängiges Muster aus Form, Stil und Motiven zu variieren. Mag das auch nicht wortgleich geschehen, so ist es für einen belesenen Leser doch nicht zu übersehen. Durch solche Teilnahme an einem poetischen Diskurs mag noch kein anderer im lyrischen Gedicht sprechen oder sich gar ein weiterer Sprecher einschleichen, und doch sind in der eigenen Rede des Dichters Anteile anderer poetischer Redeweisen enthalten.

Besonders deutlich ist das, wenn ein Autor sich ausdrücklich auf die Äußerung eines anderen bezieht. Das kann, äußerlich getrennt, als Gegenüberstellung geschehen, indem andere – und als andere markierte – Rede zitiert und kommentiert, also diskutiert und nicht selten kritisiert und refüsiert wird. Das gilt etwa für Kunzes poetologisches Gedicht

Kleines Hohelied auf den Menschen
  erfindbar sind gedichte nicht
  es gibt sie ohne uns
  Jan Skácel

Bescheiden ist der dichter,
der so spricht

Doch ohne uns
gibt es die erde und das all,
nicht aber das gedicht
                                                    (Kunze 2018, 33)

Kunzes Gedicht folgt dem Modell der *contradictio*: Es ist ausdrücklicher Widerspruch zu der Äußerung eines Anderen. Eigene Rede steht, äußerlich abgesetzt, gegen die fremde im Zitat. In solchen Gedichten spricht der Dichter nicht nur über einen Anderen, sondern mit einem oder zu einem Anderen in einer Rede, die gleichwohl seine bleibt: ein Monolog, der dialogisiert wird.

Auch in diesem Fall hat das Gedicht eine poetologische Pointe. Der Äußerung eines Anderen wird widersprochen, weil der Dichter den Urheberanspruch seinesgleichen deutlich machen will: Er ist es, der das Gedicht erklärtermaßen schafft, und zwar in jedem Fall und besonders in diesem. Die biblische Anspielung im Titel legt sogar eine emphatischere – aber nicht zwingende – Formulierung nahe: Der Dichter ist der Schöpfer des Gedichts.

4   Der Sprecher und die Sprecher

Ein Verfasser kann als Dichter nicht nur im eigenen Namen sprechen. Er kann das auch für eine Gruppe tun. So hat es Bertolt Brecht gehalten in seinem *Lied der Lyriker (als schon im ersten Drittel des 20. Jahrhunderts für Gedichte nichts mehr gezahlt wurde)*:

   1
Das, was ihr hier lest, ist in Versen geschrieben!
Ich sage das, weil ihr vielleicht nicht mehr wißt
Was ein Gedicht und auch: was ein Dichter ist!
Wirklich, ihr habt es mit uns nicht zum besten getrieben!
                                        (Brecht 1997, III, 250)

Das Gedicht wechselt in seinen insgesamt 16 Strophen, wie in der ersten, zwischen Ich- und Wir-Form. Das ist weder Unentschiedenheit noch Unsicherheit, vielmehr ein Anzeichen dafür, dass der Verfasser als Dichter für sich und für eine Gruppe spricht, der er sich zugehörig fühlt – der der ‚Lyriker'. Er macht sich, einerlei, ob zu Recht oder nicht, zu ihrem Sprecher und somit zum Anwalt in seiner und ihrer Sache. Insofern ist weiter zu differenzieren: *Der Verfasser spricht als Dichter im eigenen oder im Namen anderer, die zur selben Gruppe gehören.*

5 Der Verfasser als Sprecher einer Person

Der Verfasser kann in seinem Gedicht auch im Namen eines Dritten sprechen, der eine reale Person ist, häufig eine bereits verstorbene. Dieses Verfahren wendet Edgar Lee Masters in seiner berühmten *Spoon River Anthology* an. Ist der im Titel angeführte Ort auch, nah an der Realität, erfunden – benannt nach dem Spoon River, einem Fluss in Illinois –, so sind es doch zumindest einige der ‚Toten' nicht. Manche sind Bekannte des Verfassers, denen er in den Städten seiner Kindheit, in Petersburg und Lewistown, begegnet ist. Andere sind sogar historische Gestalten wie Anne Rutledge, eine Zeitgenossin Abraham Lincolns (und angeblich dessen frühe Liebe), deren Gedicht mit den Zeilen beginnt:

> Out of me unworthy and unknown
> The vibrations of deathless music [...]
>
> Aus mir, so unwert und unbekannt,
> Die Schwingung unsterblicher Töne:
> (Masters 1987, 198).

Das Muster einer solchen lyrischen Rede ist deutlich: Der Verfasser, so lautet die geläufige Metapher, verleiht einem oder einer Toten Sprache, er lässt ihn oder sie scheinbar selbst sprechen. Das kann er auch mit einer Gruppe tun. Dieser Typus lässt sich so beschreiben: *Der Verfasser spricht als Dichter im Namen einer anderen Person oder mehrerer anderer Personen.*

6 Der Verfasser als Sprecher einer Figur

Vom Autor auf den Sprecher eines lyrischen Gedichts zu schließen, ist noch aus einem anderen Grund vorschnell. Der Verfasser ist nicht notwendig das logische, nicht einmal das grammatische Subjekt eines Textes. Wenn man weiß, von wem ein Gedicht stammt, weiß man damit noch nicht unbedingt, wer in ihm zu Wort kommt. Auch wenn man, was in einem Gedicht gesagt wird, als Schöpfung eines Autors ansehen könnte, bedeutet das noch nicht, dass man es auch auf ihn *beziehen* kann. Was in seinem Gedicht steht, muss nicht über ihn ausgesagt sein – und es muss noch nicht einmal von ihm als Person gesagt sein. Der Dichter kann im Gedicht im eigenen Namen sprechen, so wie es Reiner Kunze tut. Er kann allerdings auch im Namen einer Figur sprechen, wie es etwa in einem Rollengedicht der Fall ist.

Von dieser Art sind viele – nicht alle – der Herr Cogito-Gedichte des polnischen Lyrikers Zbigniew Herbert. In solcher Lyrik erschafft ein Verfasser sich als Dichter eine Persona: eine erfundene Figur. Überschriften wie: *Herr Cogito denkt an die Rückkehr in seine Heimatstadt*, *Herrn Cogitos Traum*, *Herr Cogito beklagt die Geringfügigkeit der Träume*, *Herrn Cogito, des Reisenden, Gebet* oder *Herr Cogito meditiert über das Leid* weisen diese Gedichte jeweils als Rede eines Anderen aus, der eine Erfindung des Verfassers ist.

Das Verhältnis zur eigenen Person bleibt dabei, absichtlich und aus verschiedenen Gründen, unbestimmt. Nicht zuletzt deswegen reizen solche Gedichte immer wieder zu Deutungen oder auch nur Vermutungen. Sie auf den Verfasser zu beziehen, mag manchmal trotzdem naheliegen, etwa bei einem deutlichen Anachronismus: wenn der offenbar römische Herr beispielsweise über Pop sinniert (*Herr Cogito und der Pop*).

Eine lyrische Rede kann im Übrigen auch noch auf andere Weise einem Dritten zugeschrieben werden, etwa indem sie insgesamt wie ein großes Zitat in Anführungszeichen gesetzt wird. So ist es etwa der Fall in Ezra Pounds Gedicht *Tame Cat* oder in Ringelnatz' *Kuttel Daddeldu besucht einen Enkel*. In beiden Fällen ist der Verfasser mit dem Sprecher nicht identisch, der aber nicht nur eine Rolle ist, die er einnimmt, sondern eine erfundene Figur. Die Formel für solche Gedichte lautet: *Im lyrischen Gedicht spricht der Verfasser als Dichter im Namen eines Anderen, einer Figur oder Persona, oder mehrerer solcher Anderer.*

Diese Konstruktion kann noch weiter kompliziert werden. Unter den Herr Cogito-Gedichten findet sich, neben einem Caligula-, auch ein Claudius-Gedicht. Es beginnt mit den Versen:

> Ich redete Griechisch wie ein Athener doch würdig
> sah ich nur in der Horizontalen aus
> mir gab die Natur den Anfang
> doch keine Vollendung
> (Herbert 1974, 33).

Das Prinzip der Erfindung hat Herbert in einer Vorbemerkung expliziert: „*Alte Chroniken Lebensläufe und Epen lesend erfährt Herr Cogito manchmal die leibliche Gegenwart von denen die längst verstarben.*" (ebd., 31) Die poetische Konstruktion des Gedichts *Göttlicher Claudius* ist entsprechend komplex. Sie gründet sich auf die Illusion, das Gedicht gebe in den Worten des Verfassers Zbigniew Herbert wieder, wie Herr Cogito den römischen Kaiser Claudius ‚erfährt', also sich mit ihm, etwa lesend oder träumend, identifiziere. Die elaborierte Rede- und Sprecher-Konstruktion kann man auf eine Formel bringen: *Der Verfasser spricht als Dichter im Namen einer Figur, die im Namen einer anderen spricht.*

7 Der Sprecher und das Ich

Auf die Frage, wer im Gedicht spricht, gibt es somit mehrere mögliche Antworten:

- Im lyrischen Gedicht spricht der Verfasser als Dichter.
- Im lyrischen Gedicht spricht der Verfasser als Dichter im eigenen Namen.
- Im lyrischen Gedicht spricht der Verfasser als Dichter in seinem Namen und in dem Anderer, die zur selben Gruppe gehören.
- Im lyrischen Gedicht spricht der Verfasser als Dichter im Namen einer anderen Person oder mehrerer anderer Personen.

- Im lyrischen Gedicht spricht der Verfasser als Dichter im Namen einer Figur oder mehrerer Figuren.
- Im lyrischen Gedicht spricht der Verfasser als Dichter im Namen einer Figur, die im Namen einer anderen spricht.

In allen Fällen kann der Autor als Dichter auch über sich als Person sprechen (lassen), ebenso wie über eine Figur. Er kann auch eine Figur über sich als Person oder eine Figur über eine andere Figur reden lassen. Das alles lässt die Rolle des Dichters zu, die er als Autor annimmt, und kann, als raffiniert inszeniertes Spiel, zu mancherlei Verwirrung beim Leser führen und Interpreten lange beschäftigen.

Das lyrische Sprechen in der ersten Person Singular, oft einfach einem lyrischen Ich zugeschlagen, ist mehrdeutig. Die Vielzahl der Sprecher-Verhältnisse geht mit einer Vielfalt des Ich-Sagens einher, das nicht einfach das autobiographische des Verfassers ist. Max Kommerell hat die unterschiedlichen Bedeutungen des Sprechens in der ersten Personal Singular exemplarisch, also ohne Anspruch auf Vollständigkeit, anhand von Goethes freirhythmischen Gedichten wie *Mahomets-Gesang*, *Prometheus*, *Ganymed*, *Harzreise im Winter*, *Grenzen der Menschheit* und *Das Göttliche* beschrieben. In diesen Gedichten sei „nicht nur nach dem Ausgesagten zu fragen, sondern auch nach dem Sprechenden": „wer sprach jene Worte".

> Jene sprach Prometheus, Mahomed, Ganymed... Nicht als ob Goethe sich von diesen Sprechern hätte unterscheiden wollen – er ist sie; einer von ihnen, sie alle, und noch anderes mehr. Aber was ist dies „ich"? Nicht sein biographisches Ich, sondern ein mythischer Stellvertreter desselben; es sind mehrere, und jedes Wort ist das Wort eines solchen Stellvertreters (Kommerell 1943, 444).

In den Gedichten seit der *Harzreise* gebe es aber keinen solchen mythischen Stellvertreter mehr, also eine Persona, die ‚ich' sage. Stattdessen rede der Verfasser Goethe, allerdings wieder in unterschiedlicher Weise:

> Das Ich der Harzreise ist das Ich Goethes, sein augenblickliches und das Ich des Liebenden; das „ich" in den Grenzen der Menschheit ist nicht emphatisch; hier ist das eigene Verhalten Beispiel des Verhaltens, das sich aus der recht verstandenen menschlichen Lage ergibt; im „Göttlichen" ist das Ich durch das Wir ersetzt. Es handelt sich um Aspekte (ebd.).

Diese Aspekte würden „faßlich durch ein Ich", das in der ersten Person Singular spricht, weil es all das fassen kann, ohne unbedingt von seiner empirischen Person zu reden. Es fächert sich gewissermaßen in verschiedene Ich-Rollen auf: etwa die eigene, eine andere, aber eben nicht vollkommen fremde, eine allgemein-menschliche. Das Ich-Sagen wird zu einer Funktion für verschiedene Äußerungen und Äußerungsarten, die der Verfasser teilen kann.

8   Der Verfasser und seine Stimme

Die Verhältnisse werden nicht unbedingt einfacher, wenn ein Verfasser sein Gedicht *spricht* – zu anderen und vor anderen, wenn er es also aufführt, in welchem Rahmen immer (zur Aufführung von Gedichten nach 1945 vgl. von Ammon 2018, 2019). Die viele Leser bewegende Frage, wann sie denn den *Verfasser* hören, ist auch dann noch nicht einfach zu beantworten, wenn sie ihn *hören*: sein Gedicht vortragend, rezitierend, sprechend, ja singend. Die Sprecher-Verhältnisse eines Gedichts können dann sogar noch komplizierter werden. Es liegt auf der Hand, dass es nicht der Verfasser sein muss, der eines seiner Gedichte vorträgt. Doch auch wenn er es ist, kann es noch eine weitere Komplikation geben: durch seine Stimme.

Die Stimme, mit der ein Autor spricht, kurzerhand als seine persönliche zu nehmen, ist vorschnell. Das mag besonders deutlich sein im Liedvortrag. Dass Liedermacher oder *singer-songwriters* immer im eigenen Namen sprechen oder auch singen, ist ein ästhetischer Irrtum. Das tun sie nicht einmal unbedingt dann, wenn sie im eigenen Namen aufzutreten scheinen. Ein kleines Lied, das in der populären Musik prominent geworden ist, kann das deutlich machen.

Forever young ist ein populär gewordener Song Bob Dylans, den er auf dem Album *Planet Waves* gleich zweimal interpretiert, einmal schnell, einmal langsam, jeweils mit Band, jeweils als einen Rock-Song. Das Lied ist oft als Gedicht Dylans für seine damals noch kleinen Kinder gedeutet worden. Allerdings gibt es sich gleich als ein Gebet zu erkennen, und zwar als private Fürbitte, die für jedes Kind gelten kann:

> May God bless and keep you always
> May your wishes all come true
> May you always do for others
> And let others do for you
> May you build a ladder to the stars
> And climb on every rung
> May you stay forever young. [...]
> (Dylan 2004, 622)

Dass Dylan dieses eingängige Lied auf dem Album selbst singt, mit eigener Stimme, kann man so auslegen, dass er als Vater für seine Kinder singt, sie dabei auch anspricht. Die eigene Stimme nicht zuletzt scheint das zu verbürgen.

Dennoch darf man fragen, warum er den Text *gesungen* und zu elektrisch verstärkter Musik *aufgenommen* hat, statt ihn einfach den Kindern zu Hause vorzutragen. Dass dies die für die angeblichen Adressaten, deren jüngster gerade vier Jahre alt war, die ihrem Alter angemessene Musik und der angemessene Vortrag war, darf man bezweifeln, ebenso dass es die ihnen vertraute Stimme ihres Vaters war, die sie auf der Platte gehört haben – wenn sie damals den Song gehört haben.

Dass seine eigene, authentische Stimme auf dem Album zu vernehmen ist, scheint durchaus fraglich. Es ist seine Studio-Stimme, und die wechselte während seiner Karriere beständig, etwa nach Höhe und Tiefe, aber nicht nur so, wie bei den meisten Menschen, im Lauf des Lebens, nicht zuletzt als eine Begleiterscheinung des Alterns. Dylan hat innerhalb weniger Jahre ganz unterschiedlich geklungen – am Anfang wie sein erstes Idol Woody Guthrie, dann wie einige seiner Rock'n'Roll-Heroen von Bobby Darin bis Chuck Berry, schließlich wie Johnny Cash oder ein anderer *country crooner*. Auf *Planet Waves* klingt er wieder anders, höher, dabei nicht nur anders als auf den vorangegangenen Alben, sondern auch anders als auf dem fast gleichzeitig aufgenommenen Live-Album *Before the flood*. Bob Dylan hat nicht nur eine Stimme, einerlei, ob im Studio oder auf der Bühne.

Die Stimme ist in seinem Fall – aber natürlich nicht nur in seinem – ein Teil der künstlerischen Selbstinszenierung: Sie ist immer zunächst die Stimme des Dichter-Sängers, nicht des Verfassers – also eben die Bob Dylans, wie sich die Person Robert Allen Zimmerman als Sänger und Dichter nennt. Auch als Sänger kann der Verfasser eine Rolle spielen.

Literatur

Textausgaben

Bertolt Brecht: Ausgewählte Werke in sechs Bänden. Jubiläumsausgabe zum 100. Geburtstag. Frankfurt a. M. 1997.
Bob Dylan: Lyrics 1962–2001. Sämtliche Songtexte. Deutsch von Gisbert Haefs. Hamburg 2004.
Zbigniew Herbert: Herr Cogito. Edition, Übersetzung und Nachwort von Karl Dedecius. Frankfurt a. M. 1974.
Reiner Kunze: die stunde mit dir selbst. Gedichte. Frankfurt a. M. 2018.
Edgar Lee Masters: Die Toten von Spoon River. Aus dem Amerikanischen von Wolfgang Martin Schede. Mit einem Nachwort von Fritz Güttinger. München, Zürich 1987.
Joachim Ringelnatz: Das Gesamtwerk in sieben Bänden. Hg. von Walter Pape. Zürich 1994.

Forschungsliteratur

Frieder von Ammon: Fülle des Lauts. Aufführung und Musik in der deutschsprachigen Lyrik seit 1945: Das Werk Ernst Jandls in seinem Kontext. Mit 18 Abbildungen und acht Notenbeispielen. Stuttgart 2018.
Frieder von Ammon: Wer spricht beim Gedichtvortrag? Zum Problem der Korrelation von Sprecher und Adressanten in Aufführungssituationen. In: Claudia Hillebrandt u. a. (Hg.): Grundfragen der Lyrikologie 1: Lyrisches Ich, Textsubjekt, Sprecher? Berlin, Boston 2019, S. 224–241.
Art. Sprechen. In: Deutsches Wörterbuch von Jacob und Wilhelm Grimm. Band 16 (10. Band 1. Abteilung): Seeleben-Sprecher. Bearbeitet von E. Wülcker u. a. München 1984, Sp. 2798–2848.
Dieter Burdorf: Einführung in die Gedichtanalyse. Stuttgart 3. Aufl. 2015.
Rainer Grübel: ‚Poetisches Subjekt' und/oder ‚abstrakter Autor' im Spätwerk von Gennadij Ajgi, Viktor Sosnora, Dmitrij Prigov sowie bei Natalija Azarova. In: Peter Geist u. a. (Hg.): Autor und Subjekt im Gedicht. Positionen, Perspektiven und Praktiken heute. Berlin 2021, S. 111–140.
Claudia Hillebrandt u. a.: Einleitung: Wer spricht das Gedicht? Adressantenmarkierung in Lyrik. In: Dies. u. a. (Hg.): Grundfragen der Lyrikologie. Band 1: Lyrisches Ich, Textsubjekt, Sprecher? Berlin, Boston 2019, S. 1–21.
Max Kommerell: Gedanken über Gedichte. Frankfurt a. M. 1943.

Ralph Müller: Autor, abstrakter Autor und Adressant in der Lyrik. Oder: Wer findet schon Sonette beschissen? In: Peter Geist u. a. (Hg.): Autor und Subjekt im Gedicht. Positionen, Perspektiven und Praktiken heute. Berlin 2021, S. 71–94.

Wolf Schmid: Der abstrakte Autor in der Lyrik. 20 Thesen. In: Peter Geist u. a. (Hg.): Autor und Subjekt im Gedicht. Positionen, Perspektiven und Praktiken heute. Berlin 2021, S. 33–42.

Henrieke Stahl u. a.: Autor und Subjekt im Gedicht – Positionen, Perspektiven und Praktiken heute. In: Peter Geist u. a. (Hg.): Autor und Subjekt im Gedicht. Positionen, Perspektiven und Praktiken heute. Berlin 2021, S. 303–345.

Rüdiger Zymner: Lyrik. Umriss und Begriff. Paderborn 2009.

Rüdiger Zymner: Unfassbare Konjekturalwesen: Der sogenannte abstrakte Autor und seine Brüder. In: Peter Geist u. a. (Hg.): Autor und Subjekt im Gedicht. Positionen, Perspektiven und Praktiken heute. Berlin 2021, S. 33–42.

Faktuale und fiktionale Lyrik

9

Inhaltsverzeichnis

1 Lyrik, Faktualität und Fiktionalität 75
2 Fiktive Gegenstände.. 78
3 Fiktionale Aussagen... 79
4 Fiktive Sprecher... 80
5 Fiktive Sprechsituationen... 80
6 Fazit... 82
Literatur... 83

1   Lyrik, Faktualität und Fiktionalität

Die Tatsache, dass es in manchen lyrischen Gedichten der Verfasser im Namen einer Figur spricht, führt auf die Frage, inwieweit sie fiktional sein können. Für die traditionelle Theorie wäre das kaum eine Frage. Ihr galt das lyrische Gedicht selbstverständlich als faktual, auch wenn der Begriff noch nicht gebräuchlich war. Diese Einordnung war meist nur implizit, etwa in Staigers Theorie des lyrischen Stimmungsgedichts, manchmal wurde sie aber auch explizit, so in Käte Hamburgers Theorie des realen Aussagesubjekts.

In ihrer *Logik der Dichtung*, die lange die Diskussion prägte, hat sie kategorial zwischen der ‚fiktionalen oder mimetischen' und der ‚lyrischen Gattung' unterschieden. Den Unterschied zwischen ihnen hat sie darin gesehen, „daß erzählende und dramatische Dichtung uns das Erlebnis der Fiktion oder der Nicht-Wirklichkeit vermittelt, während dies bei der lyrischen Dichtung nicht der Fall ist" (Hamburger 1980, 12). Als Ursache für diese Differenz der Gattungen hat Hamburger „die logische und damit auch sprachliche Struktur, die ihnen zugrunde liegt" (ebd., 12), namhaft gemacht und gegen die „fiktive Subjekte erzeugende Funktion" mimetischer Dichtung die „Aussage eines Subjekts über ein Objekt" (ebd., 207) in der Lyrik gestellt.

Für Käte Hamburger ist das lyrische Subjekt immer real, auch wenn das, wovon es spricht, nicht wirklich sein muss. Der Sprecher eines lyrischen Gedichts kann sich also durchaus über erfundene Gegenstände äußern, er selbst darf aber keine erfundene Figur sein. Lyrische Dichtung in dieser Weise für Faktualität zu reservieren, macht allerdings den Ausschluss vor allem des Rollengedichts aus der Lyrik nötig, das für Hamburger „ein struktureller Fremdling im lyrischen Raum" (ebd., 270) ist: zweifellos Versrede, aber aufgrund seiner Fiktionalität keine lyrische Rede.

Dass lyrische Gedichte häufig faktual sind, lässt sich schlecht bestreiten, und sie sind dies auch über die Stimmungs- und Erlebnislyrik hinaus. Faktual sind lyrische Gedichte in jedem Fall, wenn in ihnen der Verfasser – als Dichter – über Wirkliches und Wirklichkeit im eigenen Namen spricht. Das gilt nicht nur allgemein für autobiographische Lyrik wie Goethes *Harzreise im Winter* oder Paul Celans *Erinnerung an Frankreich*. Referenzen auf eine außersprachliche Realität, auf reale Vorgänge und Verhältnisse, Personen und Dinge, finden sich auch in politischer Lyrik und in Geschichtslyrik. Pablo Nerudas Gedichtband *Spanien im Herzen* (*España en el corazón*) würde bedeutungslos im strengen Sinn, hätte es nicht den Spanischen Bürgerkrieg gegeben. Ebenso verhält es sich mit Peter Huchels Gedicht *Polybios* über den griechischen Geschichtsschreiber, der im Gefolge Scipio Africanus' des Jüngeren den Untergang Karthagos erlebte. Faktual sind ebenso manche Natur-, Porträt-, Bild- und Dinggedichte. Schließlich ist es auch für bestimmte Liebesgedichte wesentlich, dass sie einer realen Person gelten, selbst wenn deren Name nicht genannt oder verändert wird.

Manche lyrischen Gedichte sind auch faktual in mehr als einer Hinsicht, wie z. B. Bertolt Brechts *Frühling 1938 I*:

> Heute, Ostersonntag früh
> Ging ein plötzlicher Schneesturm über die Insel.
> Zwischen den grünenden Hecken lag Schnee. Mein junger Sohn
> Holte mich zu einem Aprikosenbäumchen an der Hausmauer
> Von einem Werk weg, in dem ich auf diejenigen mit dem Finger deutete
> Die einen Krieg vorbereiteten, der
> Den Kontinent, diese Insel, mein Volk, meine Familie und mich
> Vertilgen muß. Schweigend
> Legten wir einen Sack
> Über den frierenden Baum.
>
> (Brecht 1997, III, 355)

Das Gedicht (vgl. auch Lamping 2023) ist voller Referenzen: Ort und Zeit sind ebenso historisch wie der Sprecher und die mitbeteiligte Person. Das Gedicht bezieht sich auf den Frühling 1938, und die „Insel", die erwähnt wird, ist Fünen, Brechts dänischer Exilort zwischen 1933 und 1939. Der „Sohn", der genannt wird, ist der damals 14-jährige Stefan Brecht, der „Krieg", der vorbereitet wird, der Zweite Weltkrieg. Er brach zwar erst eineinhalb Jahre später aus. Gut einen Monat, bevor Brecht das Gedicht schrieb, in der zweiten Märzwoche 1938, hatten deutsche Truppen aber schon Österreich besetzt – ein deutliches Zeichen für den

Expansionswillen des nationalsozialistischen Deutschland, aus dem Brecht einen Tag nach dem Reichstagsbrand 1933 geflohen war.

Referenziell ist auch die Bemerkung des Sprechers – den man mit dem Lyriker Bertolt Brecht identifizieren darf –, dass er gerade mit „einem Werk" beschäftigt war, in dem er „auf diejenigen mit dem Finger deutete/ Die einen Krieg vorbereiteten". Das „Werk", als es schließlich 1939 herauskam, hieß *Svendborger Gedichte*, nach dem Ort, in dem Brecht auf Fünen lebte: Es ist Brechts berühmt gewordene Sammlung seiner Exillyrik.

Der Anlass des Gedichts ist leicht zu erschließen: der unerwartet frostige Ostersonntag 1938, der auf den 17. April fiel. Das erste Wort des Gedichts: „Heute" zeigt an, dass es an diesem Tag auch entstanden ist. Die präzise Datierung gehört in mehr als einer Hinsicht zur Aussage des Gedichts. Der Ostersonntag ist von zentraler Bedeutung für den christlichen Glauben. Er ist das Fest der Auferstehung Jesu, die für den Sieg des Lebens über den Tod steht. Brecht dementiert diesen Mythos, fast nebenbei, ohne viele Worte darüber zu verlieren.

Frühling 1938 ist ein Frühlings-Gedicht, das nicht den Frühling schildert, sondern die Rückkehr des Winters: „ein plötzlicher Schneesturm" bringt ihn zurück. Die Erwartung des Krieges gibt der gärtnerischen Tat des Frostschutzes einen weiteren Sinn: als eine kleine wortlose Geste gegen die Resignation vor dem immer mächtiger werdenden Feind. Die Sorge für ein ‚frierendes' Bäumchen ist dabei das, was von den Vegetations-Mythen geblieben ist, die von altersher mit dem Frühling verbunden sind. So ist das kleine Gedicht in mehr als einer Hinsicht faktual: als Naturgedicht, als Erzählgedicht und als Gedicht auf eine Person, als politisches Gedicht, als autobiographisches und schließlich auch als poetologisches Gedicht.

Lyrik muss jedoch nicht faktual sein. Wirklichkeit ist nicht ihre einzige Referenz. Ein Blick in repräsentative Anthologien wie etwa das von Karl Otto Conrady herausgegebene *Große deutsche Gedichtbuch* belehrt schnell darüber, dass zur Lyrik sowohl faktuale wie fiktionale Texte gezählt werden. Bezeichnenderweise hat etwa zur gleichen Zeit, als Emil Staiger und Käte Hamburger ihre Theorien verteidigten, Richard Alewyn, in einer vielgelesenen Analyse, gerade ein Rollengedicht, Clemens von Brentanos *Der Spinnerin Lied*, zum Inbegriff des Lyrischen erhoben. Es sei „reine lyrische Substanz ohne fremde Trübung": „Es läßt einen Menschen singen, von seinem Singen singen, vom Singen der Nachtigall, und indessen wird es gesungen, ein echter Singsang", wie Alewyn in selbst rhythmischer Prosa schreibt (Alewyn 1974, 199).

Die Existenz fiktionaler Lyrik ist allerdings lange Zeit nicht angemessen gewürdigt worden. Die Fixierung auf Stimmungs- und Erlebnislyrik, die jede Fiktion auszuschließen scheint, hat weitreichende Folgen gehabt. In der Fiktionstheorie spielt die Lyrik meist noch immer keine prominente Rolle (vgl. Zipfel 2016), wie auch umgekehrt die Lyriktheorie das Problem der Fiktionalität nicht annähernd so ausführlich erörtert hat wie etwa die Erzähltheorie.

Auch wenn immer noch narrative Texte die bevorzugten Gegenstände der Fiktionstheorie darstellen, ist die strikte Trennung zwischen Fiktion und Lyrik doch theoretisch verabschiedet (vgl. etwa Zymner 2009, 11–20). Allgemein verbreitet ist inzwischen die Erkenntnis, dass Fiktion nicht gattungsgebunden ist. Das heißt zunächst: Fiktion ist nicht an *eine* literarische Gattung gebunden, sondern in allen zu finden. Umgekehrt heißt es dann auch: Eine Gattung muss nicht *entweder* fiktional *oder* faktual sein. Insbesondere Narration, oft mit der Epik gleichgesetzt, ist nicht notwendig fiktional, wie etwa im Roman oder in der Novelle – sie kann selbstverständlich auch faktual sein, wie man an der Autobiographie oder am Bericht sehen kann. Auf der anderen Seite muss aber auch die Lyrik nicht ausschließlich faktual sein (vgl. Zipfel 2016, 185; außerdem Lampart 2019, Trilcke 2019 und Hillebrandt 2019). Es ist insbesondere nicht schwer zu erkennen, dass lyrische Rede sich auf dem Feld der Fiktion bewegt, wenn der Verfasser mit dem Sprecher nicht identisch ist, sei es, dass er als Dichter im Namen einer anderen Person (oder mehrerer anderer Personen) oder einer Figur spricht. Allerdings ist das nur ein Fall fiktionaler Lyrik (vgl. dazu auch die Typologie von Zymner 2009, 10–20).

Fiktional können lyrische Gedichte grundsätzlich auf viererlei Weise sein:

- durch fiktive Gegenstände,
- fiktionale Aussagen,
- fiktive Sprecher und
- fiktive Sprechsituationen.

Auf diese Weise bereiten sie, im Sinn Käte Hamburgers, dem Leser das Erlebnis der ‚Nicht-Wirklichkeit'.

Doch wie Lyrik nicht faktual sein muss, muss sie auch nicht fiktional sein. Die mitunter geäußerte Behauptung, dass sie es sei, ist kontrafaktisch (vgl. etwa Wolf 2005, 23–24).

2   Fiktive Gegenstände

Den einfachsten Fall lyrischer Fiktionalität stellen erfundene Gegenstände dar. Sie sind oft schnell auszumachen, nicht selten schon am Titel. In solchen Gedichten ist die Rede von allerlei Erfundenem, das sich bald zu erkennen gibt: etwa eine Person wie *Das Nasobēm*, *Der Vergeß* oder *Der Ginggang*, eine Geschichte wie *Ein modernes Märchen*, ein Ort wie *Das böhmische Dorf* oder eine Zeit wie *Im Jahre 19 000* – wie es das alles und noch viel mehr in den fantasievollen Nonsensgedichten Christian Morgensterns gibt. Ein Tier, das auf der Nase geht, gibt es in unserer Welt ebenso wenig wie, in unserer Geschichte, das Jahr 19 000.

Ein Spezialfall solcher lyrischen Erfindungen verdient seiner Deutlichkeit wegen eine Erwähnung. Zumindest für gebildete Leser offensichtlich ist die Fiktionalität von Gedichten, die andere Literatur fortschreiben. Ein Beispiel dafür ist Christoph Meckels Gedicht *Odysseus*, das sich gleichfalls schon im Titel als Erfindung kenntlich macht, die eine andere literarische Erfindung, die Geschichte einer berühmten fiktiven Figur, fortspinnt. Die poetische Intertextualität signalisiert dabei die Fiktionalität, die dann allerdings durchaus ihre eigenen Fantasie-Wege gehen kann.

3 Fiktionale Aussagen

Wie in Romanen und Erzählungen kann auch in lyrischen Gedichten neben den Gegenständen der dargestellten Welt das Reden über sie, das Sprechen selbst, fiktional sein. Das ist immer dann der Fall, mit der präzisen Formulierung Käte Hamburgers, wenn „die Subjektivität einer dritten Person *als* einer dritten dargestellt" (ebd., 126) wird, wenn von ihr also erzählt wird, was sie nur selbst erleben kann. Solche fiktionale Innensicht verbindet man in der erzählenden Literatur mit dem Inneren Monolog und der Erlebten Rede. Dabei kann die ‚dritte Person' erfunden sein, ist es aber nicht notwendig.

Das zeigt beispielhaft Bertolt Brechts frühes Erzählgedicht *Von des Cortez Leuten*. Trotz seines historischen Bezugs ist es fiktional, insofern zwar keiner der Männer aus dem Gefolge des spanischen Eroberers selbst zu Wort kommt, gleichwohl aber ihre Wahrnehmungen und Empfindungen dargestellt werden. So heißt es etwa:

> Sie schliefen schwer, doch mancher wußte morgens
> Daß er die Ochsen einmal brüllen hörte.
> (Brecht 1959, 123)

Die Soldaten werden „staunend" und „angstvoll" genannt, und am Ende sagt der Erzähler von ihnen, als könnte er buchstäblich in sie hineinsehen:

> Erst gegen Morgen war das Zeug so dick
> Daß sie sich nimmer sahen, bis sie starben.
> (ebd., 124)

Der Verfasser spricht in solchen Versen nicht eigentlich im Namen anderer, etwa in der Wir-Form, sondern er macht Aussagen über sie, deren Wahrheitsgehalt er nicht verbürgen kann. Was er sagt, kann er nicht wissen – er könnte es nur, wäre er allwissend.

Der fiktive Charakter solcher erzählenden Gedichte darf allerdings nicht den Schluss nahelegen, dass narrative Lyrik grundsätzlich fiktional sei. Der Standardtyp der Erzählliteratur, so hat es Dietrich Weber formuliert, ist zwar „die fiktionale, illusionistische, autor- und erzählerverleugnende, aliozentrische Autorerzählung in dritter Person" (Weber 1998, 90). Dennoch hat er festgestellt: „Erzählliteratur ist künstlerisch, nicht unbedingt fiktional" (ebd., 74). Diese Differenzierung ließe sich noch ergänzen. Erzählen ist auch nicht notwendig künstlerisch oder literarisch. Erzählen ist eine universale Art der Kommunikation, die nicht nur von Erfundenem handeln muss und die auch nicht an die Literatur gebunden ist. Der Begriff des ‚Alltagserzählens' weist darauf hin.

Fiktionale Lyrik kann eine fiktive Aussage auch über einen fiktiven Gegenstand machen. Der Verfasser kann – als Dichter – etwa von einer Figur sprechen, die offenkundig erfunden ist. So ist es in Bertolt Brechts *Moritat von Mackie Messer*:

> Und Macheath, der hat ein Messer
> Doch das Messer sieht man nicht.
> (Brecht 1997, III, 133).

Die Verse der *Moritat* gelten, Strophe für Strophe, einer erfundenen Figur; dabei sind die Aussagen, die über sie in der Er-Form gemacht werden, genauso erfunden wie sie.

In solchen Fällen kann man von einer semantischen Fiktion sprechen, die auf der Fiktionalität von Behauptungssätzen basiert (vgl. auch Lamping 2000, 103–106).

4 Fiktive Sprecher

Einen anderen Typus fiktionaler Lyrik stellen Gedichte dar, in denen der Verfasser – als Dichter – eine erfundene Figur von sich selber sprechen läßt, wie in einem Gedicht von Joachim Ringelnatz, das *Stimme auf einer steilen Treppe* überschrieben ist. Seine ersten beiden Verse lauten:

> Drei Söhne hab ich bei die Ulanen verloren,
> Mein Mann fiel aus dem dritten Stock.
> (Ringelnatz 1994, I, 111)

Der Verfasser spricht hier im Namen einer Persona, die mit ihm, schon sprachlich erkennbar, nicht identisch ist: einer alten Frau, die ihr familiäres Schicksal enthüllt. Dabei versteht sich, dass auch alle Aussagen, die sie über sich macht, erfunden sind.

Besonders deutlich ist diese Art der Fiktionalität, wenn ein Autor eine erfundene literarische Figur über sich selber sprechen lässt – wie in Christoph Meckels Gedicht *Odysseus*:

> Was bleibt mir zu tun
> und wo kann ich hin gehn
> da doch alles feststeht im Buch des Dichters
> das mich überliefert mit meinen Göttern
> Häusern, Inseln, Frauen, Adressen.
> (Meckel 1979, 12)

Solche intertextuellen Gedichte, die einen fiktiven Sprecher fiktionale Aussagen machen lassen, kombinieren zwei Arten von Fiktionalität miteinander, zu einer entsprechend komplexeren.

5 Fiktive Sprechsituationen

Es gibt fiktionale Gedichte, in denen weder der Gegenstand noch die Aussagen über ihn noch der Sprecher erfunden sind – wie etwa in Ezra Pounds Gedicht *Guido invites you thus*. In ihm spricht der Verfasser im Namen des Florentiner Dichters Guido Cavalcanti, eines Zeitgenossen und Freundes Dante Alighieris. Das Gedicht ist als Replik auf dessen Sonett *Guido i' vorrei* angelegt. Der Guido

5 Fiktive Sprechsituationen

Pounds erwähnt deshalb u. a. Dante, allerdings distanziert: „Lappo I leave behind and Dante too" (Pound o. J., 51). Auch hinter dem Namen Lappo verbirgt sich eine historische Person: der Florentiner Architekt Giovanni di Lapo.

Pounds Guido ist also keine fiktive Figur, er stellt auch nicht fiktionale Behauptungen über die Existenz fiktiver Figuren auf. Die Sprechsituation ist vielmehr fiktiv: Mit der ersten Person Singular, die der Verfasser verwendet, ist nicht er selber, sondern sein Sprecher gemeint, und was er sagt, ist auf dessen, nicht auf seine Situation zu beziehen. Diesen Typus fiktionaler Lyrik kann man als pragmatisch bezeichnen kann (vgl. Lamping 2000, 106–110). Die Nicht-Identität zwischen Verfasser und Sprecher schafft eine fiktive Sprechsituation, die auch die Sprachhandlung, das angeblich von Cavalcanti verfasste Gedicht, fiktional macht. Dieser Typus kennt verschiedene Varianten.

Eine häufige findet sich in der Chorlyrik: in Gedichten, die Dichter, teils aus einer etwa politischen Identifikation heraus, teils im offiziellen Auftrag, für Gruppen geschrieben haben. In Bertolt Brechts *Lied der Arbeiter und Bauern* heißt es etwa:

> Wir haben kein Blatt vor's Maul genommen
> Und haben gefragt, was wir bekommen.

und:

> Sie haben gesagt, wir sei'n alle Brüder
> Wir hörten sie an und fragten wieder:
> (Brecht 1997, IV, 264).

Anders als im *Lied der Lyriker* spricht Brecht hier – als Dichter – im Namen einer Gruppe, zu der er nicht gehörte. Das Gedicht drückt die wohl von demonstrierenden russischen Arbeitern und Bauern vorgebrachten Forderungen nach Enteignung aus.

Eine andere Variante dieses Typus fiktionaler Lyrik stellt Brechts berühmtes Lied *Die Seeräuber-Jenny* dar, das in der *Dreigroschenoper* von Polly Peachum vorgetragen wird:

> Meine Herren, heute sehn Sie mich Gläser abwaschen
> Und ich mache das Bett für jeden
> (Brecht 1997, III, 135).

Die Figur Jenny, zugleich die Sprecherin der Ballade, und ihre Aussagen sind ebenso erfunden wie die Sprechsituation: die Ansprache an die „Herren" genannten Gäste eines Hotels – wobei im Stück noch hinzukommt, dass alles von Polly imaginiert und inszeniert wird.

Eine weitere Variante dieses Typus fiktionaler Lyrik bildet das kleine Gedicht *Genazzano* von Marie Luise Kaschnitz:

Genazzano am Abend
Winterlich
Gläsernes Klappern
Der Eselshufe
Steilauf die Bergstadt.
Hier stand ich am Brunnen
Hier wusch ich mein Brauthemd
Hier wusch ich mein Totenhemd.
Mein Gesicht lag weiß
Im schwarzen Wasser
Im wehenden Laub der Platanen.
Meine Hände waren
Zwei Klumpen Eis
Fünf Zapfen an jeder
Die klirrten.
   (Kaschnitz 1965, 154)

Das Gedicht beginnt, als wäre es ein faktuales Erzählgedicht, das von der kleinen Provinzstadt in den Monti Prenestini östlich von Rom, offenbar während des Winters, handelt. Doch genau in der Mitte des Gedichts, im achten von fünfzehn Versen, beginnt die fiktive Sprechsituation kenntlich zu werden: Es spricht eine Frau, die sich, vielleicht aus Liebeskummer, ertränkt hat und am Ende ihre eigene Totenstarre beschreibt. Sie ist offensichtlich mit der Verfasserin nicht identisch, ja kann es nicht sein, denn sie ist schon tot.

Das Gedicht stellt einen komplexen Fall fiktionaler Lyrik dar, insofern es mehrere Typen kombiniert, wie es nicht selten der Fall ist (vgl. dazu auch Lamping 2000, 108). Auch Marie Luise Kaschnitz verleiht einer Toten Sprache, die aber, anders als bei Edgar Lee Masters, keine reale Person war. Die Frau, der Gegenstand der Rede, ist erfunden: eine fiktive Figur als Sprecherin. Zugleich macht sie fiktionale Aussagen über sich, in einer Sprechsituation, die nicht nur fiktiv ist, sondern sogar irreal: Eine Tote im Brunnen kann nicht mehr über sich Auskunft geben, sie hat keine Sprache mehr.

6 Fazit

Fasst man diese Skizzen zusammen, so ergibt sich folgendes Fazit:

Lyrische Gedichte sind nicht ausschließlich faktual, aber auch nicht immer fiktional, wie gelegentlich behauptet wird. Sie können grundsätzlich vielmehr sowohl faktual wie fiktional sein, und ihre Referenzen können wirklich oder nicht-wirklich sein. Dabei ist ihre Fiktionalität verschiedener Art. Fiktional können sie aufgrund ihrer fiktiven Gegenstände, ihrer fiktionalen Aussagen, ihrer fiktiven Sprecher oder ihrer fiktiven Sprechsituationen sein. Sie können auch zwei oder mehrere dieser Fiktionsarten miteinander verbinden. Der Spielraum der Gattung ist auch in dieser Hinsicht groß: Sie kann sich im Bereich der Wirklichkeit wie im Bereich der Vorstellungen bewegen.

Literatur

Textausgaben

Bertolt Brecht: Ausgewählte Werke in sechs Bänden. Jubiläumsausgabe zum 100. Geburtstag. Frankfurt a. M. 1997.
Bertolt Brecht: Hundert Gedichte. 1918–1950. Berlin 1959.
Marie Luise Kaschnitz: Überallnie. Ausgewählte Gedichte 1928–1965. Mit einem Nachwort von Karl Krolow. Hamburg 1965.
Christoph Meckel: Wen es angeht. Gedichte. Mit Graphiken des Autors. München 1979.
Edgar Lee Masters: Die Toten von Spoon River. Aus dem Amerikanischen von Wolfgang Martin Schede. Mit einem Nachwort von Fritz Güttinger. München, Zürich 1987.
Ezra Pound: Selected Poems. Edited with an Introduction by T.S. Eliot. London o. J.
Joachim Ringelnatz: Das Gesamtwerk in sieben Bänden. Hg. von Walter Pape. Zürich 1994.

Forschungsliteratur

Richard Alewyn: Clemens Brentano „Der Spinnerin Lied". In: Ders.: Probleme und Gestalten. Essays. Frankfurt a. M. 1974, S. 198–202.
Käte Hamburger: Logik der Dichtung. Ungekürzte Ausgabe nach der 3. Aufl. 1977. Frankfurt a. M. u. a. 1980.
Claudia Hillebrandt u. a.: Einleitung: Wer spricht das Gedicht? Adressantenmarkierung in Lyrik. In: Dies. u. a. (Hg.): Grundfragen der Lyrikologie. Band 1: Lyrisches Ich, Textsubjekt, Sprecher? Berlin, Boston 2019, S. 1–21.
Claudia Hillebrandt: Figur und Person im Gedicht. Zum Stand der lyrikologischen Figurenforschung und zur Funktion von Figuren in lyrischen Gedichten. In: Dies. u. a. (Hg.): Grundfragen der Lyrikologie. Band 1: Lyrisches Ich, Textsubjekt, Sprecher? Berlin, Boston 2019, S. 148–163.
Fabian Lampart: Plädoyer für die Skalierung. Vorüberlegungen und Fallbeispiele zum Problem autorfaktualer Lyrik. In: Claudia Hillebrandt u. a. (Hg.): Grundfragen der Lyrikologie. Band 1: Lyrisches Ich, Textsubjekt, Sprecher? Berlin, Boston 2019, S. 105–124.
Dieter Lamping: Das lyrische Gedicht. Definitionen zu Theorie und Geschichte der Gattung. Göttingen 3. Auflage 2000.
Dieter Lamping: Frühling in finsteren Zeiten. Bertolt Brechts Gedicht „Frühling 1938". In: Literaturkritik.de Ausgabe 3, März 2023.
Peer Trilcke: Wer ‚spricht' Fontanes journalistisches Gedicht „Ein Ball in Paris"? Zur Diskussion um autorfaktuale Lyrik. In: Claudia Hillebrandt u. a. (Hg.): Grundfragen der Lyrikologie. Band 1: Lyrisches Ich, Textsubjekt, Sprecher? Berlin, Boston 2019, S. 124–147.
Dietrich Weber: Erzählliteratur. Schriftwerk. Kunstwerk. Erzählwerk. Göttingen 1998.
Werner Wolf: The Lyrics: Problems of Definition. In: Eva Müller-Zettelmann und Margarete Rubik (Hg.): Theory into Poetry. New Approaches to the Lyric. Amsterdam, New York 2005, S. 21–56.
Frank Zipfel: Lyrik und Fiktion. In: Dieter Lamping (Hg.): Handbuch Lyrik. Theorie, Analyse, Geschichte. Stuttgart 2. Auflage 2016, S. 184–188.
Rüdiger Zymner: Lyrik. Umriss und Begriff. Paderborn 2009.

Typen lyrischer Gedichte

10

Inhaltsverzeichnis

1	Typen der lyrischen Einzelrede.	85
2	Religiöse Lyrik	86
3	Liebeslyrik	90
4	Naturlyrik	93
5	Politische Lyrik	96
6	Autobiographische Lyrik	99
7	Pluralität, Individualität und Freiheit	101
	Literatur.	102

1 Typen der lyrischen Einzelrede

Eine Lyrik-Theorie wäre unvollständig, würde sie nur bestimmen, welche Merkmale ein lyrisches Gedicht aufweisen muss, um zur Gattung gezählt werden zu können. Jedes einzelne von ihnen mag individuell sein, teilt jedoch gleichwohl mit anderen Eigenschaften, aufgrund derer man Gruppen zusammenstellen kann, die oft als Untergattungen bezeichnet werden. Zur Beschreibung der Lyrik gehören auch solche Typen, sowohl systematische wie historische, anhand derer sich das weite Feld der Gattung ordnen lässt.

Systematisch lassen sich Typen konstruieren nach Gesichtspunkten wie den Arten der Sprachverwendung, etwa in grammatischer Hinsicht, nach den Sprecherverhältnissen oder dem Wirklichkeitscharakter der Rede. Sie können Auskunft geben über die Möglichkeiten der Lyrik. Historische Typen stellen Gruppen von lyrischen Gedichten dar, die sich im Lauf der Gattungsgeschichte herausgebildet haben. An ihnen lassen sich geschichtliche Entwicklungen ablesen. Historische Typen sind insbesondere nach den Gegenständen zu unterscheiden, die in ihnen Thema geworden sind, nicht exklusiv, aber prominent. In diesen Typen sind die systematischen Möglichkeiten der Einzelrede jeweils auf unterschiedliche Weise realisiert, in Abhängigkeit u. a. von der Eigenart des jeweiligen Themas, aber auch aufgrund bestimmter Konventionen seiner Behandlung, die sich etwa in der Wahl eines Stils oder der Bevorzugung bestimmter Motive oder Formen zeigen kann.

Zu den großen, die Gattung prägenden Typen des lyrischen Gedichts, die zugleich zu den ältesten und am häufigsten verwendeten gehören, zählen

- die religiöse Lyrik,
- die Liebeslyrik,
- die Naturlyrik,
- die politische Lyrik und
- die autobiographische Lyrik.

Sie sind gekennzeichnet nicht nur durch bestimmte Rede-Gegenstände, sondern häufig auch durch bestimmte Bezüge, Äußerungsarten und Formen. Sie bilden eine offene Reihe, wie sich bei historischen Phänomenen von selbst versteht; weitere, weniger prominente wären leicht hinzuzufügen, etwa die Geschichtslyrik, die poetologische und die interkulturelle Lyrik (vgl. dazu auch die entsprechenden Artikel von Trilcke 2016, Brandmeyer 2016 und Dieterle 2016 in Lamping 2016).

Die einzelnen Typen sind nicht streng voneinander geschieden. Sie haben unscharfe Ränder und schließen einander nicht aus. Nicht selten kann ein Gedicht auch zwei oder mehr dieser Typen zugerechnet werden. Das ist ein weiteres Moment seiner Komplexität. Die fünf großen historischen Typen stehen zudem nicht nur zusammen für die Pluralität der Lyrik. Sie sind auch für sich durch Pluralität charakterisiert. Insofern ist es kaum möglich, sie umfassend zu beschreiben. Auf welche Weise in ihnen die Möglichkeiten der Einzelrede genutzt werden, soll im Folgenden aber zumindest mit einigen Stichworten skizziert werden, ohne dass damit ein Anspruch auf Vollständigkeit auch nur der Aspekte verbunden wäre und ohne dass weitergehende historische und philosophische Überlegungen, die an alle diese Typen anschließen, verfolgt werden könnten.

2 Religiöse Lyrik

„Religion hat für die Geschichte der Literatur größte Bedeutung", hat Wolfgang Braungart festgestellt (Braungart 2019, 9). Das gilt erst recht für die Lyrik. Die religiöse Lyrik gehört zu den ältesten Typen lyrischer Gedichte, und zwar sowohl in der europäischen wie in der asiatischen Dichtung (vgl. Detering 2016). Die ältesten lyrischen Gedichte der griechischen Literatur, die sich erhalten haben, sind Götterlieder: Lob- und Preislieder etwa auf Apollon, Aphrodite oder Dionysos. Literatur und Religion sind in ihnen untrennbar verwoben. Sie hatten ihren Ort nicht nur in religiösen Ritualen. Manche leiteten die Dichtkunst, die sie hervorgebracht hat, auch von den Göttern her. So heißt es etwa im *Musenlied* (in der Übersetzung Christian zu Stolbergs):

2 Religiöse Lyrik

> Preisend sing ich die Musen und singe Zeus und Apollon,
> denn von den Musen stammen, und vom ferntreffenden Phöbos,
> alle Liedersänger und Saitenspieler auf Erden
> (Antike Lyrik 1964, 15).

Griechische Lyriker priesen so ihre Gottheiten im Glauben, dass sie ihnen die Gabe zu dichten geschenkt hätten. Dies sicherte ihren Dichtungen eine besondere Stellung: als Dienst an den Göttern.

Religiöse Lyrik ist meist entweder sprecher- oder adressatenbezogen: Ihr Verfasser spricht von seinem Glauben oder wendet sich an seinen Gott. Ihre fundamentalen Redeweisen sind das Bekenntnis, das Sich-Bekennen zu einer Gottheit, und die Ansprache oder Anrufung dieses Gottes, in christlicher Zeit vor allem als Gebet. Insofern ist religiöse Lyrik oft auch dialogisiert. Häufig ist sie Chorlyrik: Das religiöse Bekenntnis ist, anders als etwa die Liebeserklärung, von mehreren teilbar. Das „Du" in der Anrede, das „Ich" und „Wir" als Selbstbezeichnungen sind dabei bevorzugte Pronomen.

Schon aufgrund ihrer langen Geschichte ist die religiöse Lyrik außerordentlich vielfältig. Ihren Ursprung hat sie in der Oralität, ihren ursprünglichen Ort in religiösen Feiern und Ritualen. Individuelle und kollektive Praxis sind dabei kaum zu trennen. Religiöse Lyrik kann gesprochen, gesungen oder geschrieben werden, einen einzelnen Sprecher oder eine Gruppe von Sprechern haben, und sie wird anfangs bei den Griechen zumeist von einem Instrument begleitet, der Lyra oder, weniger häufig, der Doppelflöte. Sie kann Bitte und Klage, Ansprache und Lobpreis sein.

Religiös ist Lyrik in einem weiten Sinn: als Ausdruck einer Religiosität, zu der wesentlich der Bezug auf eine Transzendenz gehört. Solche Lyrik kann einer Religionsgemeinschaft zugehörig, aber auch ganz privat sein. Ihren unterschiedlichen Formen gemeinsam ist kaum mehr als der Bezug auf eine Gottheit – sei es im Sprechen über sie oder in der Ansprache an sie. Religiöse Lyrik ist damit Glaubenspraxis, nicht notwendig aber auch liturgische Praxis. Drei Beispiele mögen das Spektrum der Möglichkeiten andeuten.

Die klassische Gattung des religiösen Gedichts in der christlich-jüdischen Tradition ist der Psalm. Einer der bekanntesten ist der 23.:

> Der gute Hirt
> [1 Ein Psalm von David]
> Jahwe ist mein Hirte, ich leide nicht Not;
> 2 auf grünender Weide läßt er mich lagern.
> Er führt mich an Wasser der Ruhe,
> 3 Erquickung spendet er meiner Seele.
> Er leitet mich auf den rechten Pfad,
> getreu seinem Namen.
> 4 Und muß ich auch wandern im finsteren Tale,
> ich fürchte kein Unheil, denn du bist bei mir.
> Dein Stock und dein Hirtenstab,
> die geben mir Zuversicht.
> 5 Du hast einen Tisch mir bereitet,

vor den Augen der Feinde.
Du salbest mein Haupt mit Öl,
mein Becher ist gefüllt bis zum Rande.
6 Es geleiten mich deine Gnade und Huld
durch alle Tage des Lebens.
Und wohnen darf ich im Hause Jahwes
für immerwährende Zeiten.
(Die Bibel, 602)

Psalm 23 wird herkömmlicherweise König David zugeschrieben; ob das zutreffend ist, wird allerdings zunehmend bezweifelt. Der Psalm ist kein Gebet im engeren Sinn. Er spricht zunächst über Gott, spricht ihn dann auch an und kehrt schließlich zum Sprechen über ihn zurück. Gleichwohl ist er auch sprecherbezogen. Er ist Lobpreis und Bekenntnis zugleich. Dass Religion „Menschenwerk" (Braungart 2019, 23) ist, verrät schon seine Bildsprache: Er spricht von Gott als einem Hirten. Er vermenschlicht ihn in einer Hinsicht, wie es auch schon die frühe griechische Lyrik – ähnlich wie die Epik – mit den Göttern tat. Zugleich beschwört der Mensch damit auch seine Ebenbildlichkeit.

Psalm 23 ist in der jüdisch-christlichen Tradition eines der bekanntesten Beispiele für Gottvertrauen: der Herr als fürsorglicher Hirte und Gastgeber. Das Bild des guten Hirten verbindet Altes und Neues Testament, das *Buch der Psalmen* und das *Johannes-Evangelium*, in dem Jesus sich selber einen Hirten nennt (Joh. 10,11). Wieweit der Psalm für private Andachten oder im Tempelgottesdienst Verwendung fand, ist nicht eindeutig zu klären. Möglich ist beides. Der Liedcharakter mag vielleicht eher auf einen liturgischen Gebrauch hindeuten. In christliche Gottesdienste hat der Psalm auch durch die Vertonungen vor allem von Heinrich Schütz, Johann Sebastian Bach und Anton Bruckner Eingang gefunden.

Religiöse Lyrik bewegt sich oft, ja meist in der Nähe zu heiligen Schriften oder geht in sie ein wie *Psalm 23*. Sie teilt allerdings auch als säkulare mit ihnen nicht nur Motive und Themen, sondern auch den hohen und ernsten Ton. Dieser Ernst ist von ihrem Wahrheitsanspruch nicht zu trennen: Sie beansprucht nicht nur wahrhaftig, sondern auch wahr zu sein. Sie ist Bekenntnis und Zeugnis in einem: Bekenntnis des Glaubens, Zeugnis des göttlichen Wirkens. Ihrem Anspruch nach ist sie referenziell, und dieser Anspruch ist unbedingt: Jede Lüge, auch schon jeder Irrtum würde ihn zerstören.

Zu neuerer religiöser Lyrik gehört oftmals eine größere Subjektivität, die in ihrer Sprecherbezogenheit deutlich wird. Noch mit dem Dogma muss sich ein – modernes – Individuum einverstanden erklären. Wenn es sich zu einer Theologie nicht bekennen kann, bleibt ihm nur, seine persönliche Religiosität auszudrücken. Sie kann durchaus Zweifel einschließen wie in Giorgio Bassanis Gedicht.

2 Religiöse Lyrik

> *Blut und Dunkelheit*
> Gott ist da versichert
> im Aufblinken der
> Scheinwerfer
> das Blut dort am Zement-
> pfeiler mein
> Blut
>
> Gott ist *nicht* da versichert
> verspricht
> garantiert
> das übliche große Dunkel
> das gleich nachher kommt
> das Dunkel das immer ist
> (Bassani 1991, 111).

Auch das ist religiöse Lyrik, allerdings moderne religiöse Lyrik, die sich, sprecherbezogen, wie sie ist, zu keiner Religion bekennt, nur Religiosität mitteilen kann, dabei Zweifel an der Existenz Gottes nicht zu unterdrücken vermag und damit zugleich eine nicht aufhebbare Ambivalenz. So spricht das Gedicht vom Leiden: als Leiden an der Gewissheit wie der Ungewissheit. Es spricht Gott nicht an, sondern von ihm, und der Gott, von dem es spricht, ist auch grausam, das Leben ohne ihn dennoch düster.

In unserer Zeit kehrt religiöse Lyrik auch mitunter zur Mündlichkeit des Liedes zurück, etwa in der populären Musik. Ein Beispiel dafür ist ein Song Bob Dylans:

> Father of night, Father of day
> Father, who taketh the darkness away
> Father, who teacheth the bird to fly
> Builder of rainbows up in the sky
> Father of loneliness and pain
> Father of love and Father of rain
>
> Father of day, Father of night
> Father of black, Father of white
> Father, who build the mountain so high
> Who shapeth the cloud up in the sky
> Father of time, Father of dreams
> Father, who turneth the rivers and streams
>
> Father of grain, Father of wheat
> Father of cold and Father of heat
> Father of air and Father of trees
> Who dwells in our hearts and our memories
> Father of minutes, Father of days
> Father of whom we most solemnly praise
> (Dylan 2004, 522).

Father of Night ist ein Lied, aber kein Kirchenlied. Dylan hat es auf seinem Album *New Morning* von 1970 veröffentlicht. Er hat es nie in einem seiner – dokumentierten – Konzerte gesungen; offenbar scheint die Bühne ihm nicht der richtige Ort dafür. Dabei hat er es ursprünglich für ein Theaterstück des amerikanischen Lyrikers und Dramatikers Archibald McLeish geschrieben. Über dem Song kam es jedoch zum Zerwürfnis, und Dylan zog sich aus dem Projekt zurück.

Father of Night scheint als Lobpreis Gottes nicht weit von *Psalm 23* entfernt zu sein, nicht nur der archaisierenden Sprache wegen. Einige Unterschiede sind aber nicht zu übersehen. *Father of Night* ist ein Gebet: an Gott gerichtet. Für ihn wird aber nicht die Hirten- und Gastgeber-, sondern die Vater-Metapher bemüht. Darin mag der Song an das *Vaterunser* erinnern, ohne dass jedoch weitere Anspielungen zu erkennen wären. *Father of Night* ist auch kein Psalm im wörtlichen Sinn: ein Lied, das zu einem Saiteninstrument vorgetragen wird, sei es singend oder im Sprechgesang. Es ist ein Klavierlied.

Die Sprache des Songs ist einfach. Sie reiht verschiedene Bezeichnungen Gottes aneinander. In ihnen allen wird er als Schöpfer angesprochen, als Schöpfer allerdings der unterschiedlichsten Dinge. Irritierend mag sein, dass er auch als „Father of loneliness and pain" apostrophiert wird. Der Gott Bob Dylans ist offenbar auch der Schöpfer des Schlechten – und damit vielleicht dem Gott William Blakes verwandt.

Doch nicht nur an solche Lyrik mag *Father of Night* erinnern. Auch auf die Form des hebräischen Achtzehnbittengebets, der Amidah, spielt das Lied an, und zwar in der Zahl seiner Zeilen. Allerdings ist das gleichfalls nur eine Anspielung, denn der Song ist selbst keine Bitte, sondern ein Preis. Die Amidah hat einen festen Platz in der jüdischen Liturgie, dient aber auch als Werktagsgebet. In ihr wird zum Gott Israels gebetet. Dylans Lied jedoch endet mit dem Vers „Father of whom we most solemnly praise", der als Anspielung auf Jesus als den Sohn Gottes gedeutet werden kann.

Father of Night ist dogmatisch schwer zu fassen. Wie das Denken seines Verfassers im Ganzen changiert der Song zwischen Judentum und Christentum. Er ist gleichfalls Ausdruck individueller, nicht kirchlich oder konfessionell gebundener Religiosität. Von seiner schwungvoll-kurzen Vertonung ist er nicht zu trennen – es ist der kürzeste Song, den Dylan je aufgenommen hat. Das Arrangement ist fast so einfach wie der Text: Dylan, der Klavier spielt, wird von einem Bassisten und einer Sängerin begleitet. Das kurze Stück, für manche dem Rock, für andere dem Jazz näher, ist auch musikalisch nicht eindeutig. Man kann es noch darin als neueres Beispiel romantischer Kunstreligion ansehen (vgl. dazu Detering 2016, 120).

3 Liebeslyrik

Die Tradition der Liebeslyrik (vgl. Fischer 2016) ist fast so alt wie die des religiösen Gedichts. Wie dieses dem Verhältnis zu einem – oft personal – gedachten Gott gilt, so widmet sich das erotische Gedicht der Beziehung zu einem anderen Menschen, die viele als die wichtigste ansehen. Doch auch wenn sie das nicht sein

3 Liebeslyrik

sollte, gilt sie immer noch als die intensivste, vor oder, vielleicht auch nur, neben dem Hass. In jedem Fall erfasst sie die ganze Persönlichkeit. So heißt es in einem Fragment Sapphos, der ersten großen Liebesdichterin:

> ... Eros hat mir die Sinne erschüttert,
> Wie ein Sturm vom Gebirg auf die Eichen sich stürzt.
> (Griechische Lyriker 1968, 97)

Sappho ist die erste gewesen, die Liebe – oder auch nur Verliebtsein – als hohe seelische Erregung geschildert hat, zumal beim Anblick des oder der Geliebten:

> Kalter Schweiß bedeckt mich, ein Zittern
> Faßt mich ganz, bin fahler als dürre Gräser,
> Und ich komme mir vor, (Agallís?), wie
> Nahe dem Tode.
> (ebd., 93)

Sappho hat mit ihren sprecherbezogenen Gedichten die subjektive und die weibliche Liebeslyrik begründet. Subjektiv sind sie nicht nur durch die Ich-Form, sondern auch als Ausdruck eines – überwältigenden – Gefühls.

Solche Liebeslyrik ist zunächst sprecherbezogen und damit in der Regel Einzellyrik. In der Hinwendung zum geliebten Menschen ist sie als Anrede und Ansprache, als Liebes-Geständnis und Liebes-Werbung zugleich adressatenbezogen. Insofern ist auch sie oftmals dialogisiert. Nicht selten ist sie als Reflexion über die Liebe sogar objektbezogen, zumal wenn die Liebe zu einer Verwirrung der Gefühle führt, die Klarheit fordert, oder wenn sie unerwidert bleibt, was ebenso eine Erklärung verlangt. Nicht selten wechselt Liebes-Lyrik dann in die Er- oder Sie-Form, die Darstellung der Liebe kann dabei sogar ihren Ausdruck überwiegen.

Eines der bekanntesten, sicher auch eines der schönsten Sonette Shakespeares ist das achtzehnte, das zugleich ein weltberühmtes Liebesgedicht ist:

> Shall I compare thee to a summer's day?
> Thou art more lovely and more temperate:
> Rough winds do shake the darling buds of May,
> And summer's lease hath all too short a date:
> Sometime too hot the eye of heaven shines,
> And often is his gold complexion dimm'd;
> And every fair from fair sometime declines,
> By chance or nature's changing course untrimm'd;
> But thy eternal summer shall not fade,
> Nor lose possession of that fair thou ow'st:
> Nor shall Death brag thou wander'st in his shade,
> When in eternal lines to time thou grow'st:
> So long as men can breathe, or eyes can see,
> So long lives this, and this gives life to thee.
> (Shakespeare 1960, 22)

Dieses nicht nur für sich schöne, klangvolle Gedicht beginnt als Liebes-Geständnis. Schon der erste Vers setzt mit den beiden Pronomen „I" und „thee" die Personenkonstellation: Ein Liebender spricht die oder den Geliebten an. Zunächst ist das Gedicht damit adressatenbezogen. Der dann folgende Vergleich der oder des Geliebten mit einem Sommertag ist aber schon gegenstandsbezogen. Er dient ihrer oder seiner Idealisierung und hebt die Unterschiede hervor, die sie oder ihn der Natur überlegen erscheinen lassen. Der Sommer der Natur mit Stürmen, Hitze und Wetterwechsel wird dem „eternal summer" der oder des Geliebten antithetisch gegenübergestellt: Die Schönheit des Menschen übertrifft die der Natur, sie ist lieblicher und beständiger. Das sentenzhafte Schlusscouplet schlägt einen großen Bogen von der Menschheit („men") zu dem oder der Einzelnen: „thee" ist das letzte Wort des Gedichts, mit dem es zu dem oder der Angesprochenen zurückkehrt, dem Zielpunkt, auf den alles hinausläuft. So ist das Gedicht, im Wechsel seiner Bezüge und Redeweisen, Ausdruck der Liebe, Preis der oder des Geliebten und Werbung um ihn oder sie.

Die Idealisierung der oder des Geliebten folgt der petrarkistischen Tradition, und wie bei Petrarca ist es über die äußere Schönheit hinaus die innere, die der Grund der liebenden Verehrung ist. Shakespeare gibt dieser Idealisierung aber noch eine poetologische Komponente: Der Ort für die Bewahrung der Schönheit der oder des Geliebten ist das Gedicht, das sie beschreibt: „So long lives this, and this gives life to thee." Das Gedicht fasst erst die Schönheit des geliebten Menschen in Worte und macht sie unsterblich.

Nicht von der Geliebten und zu ihr, sondern von der Liebe spricht demgegenüber Francesco Petrarcas Gedicht Nr. 132 seines *Canzoniere*, das Karl Förster so übersetzt hat:

> Ist's Liebe nicht, was ist's denn, was ich trage?
> Ist's Lieb', um Gott! was ist denn diese eben?
> Ist's gut, wie mag es Tod und Schmerzen geben?
> Ist's bös, warum so süß dann jede Plage?
>
> Glüh' ich freiwillig, wo denn her die Klage?
> Ist's wider Willen, was denn frommt mein Beben?
> O freudenreiches Weh, o Tod voll Leben,
> Was gibt die Macht dir, wenn ich Ja nicht sage?
>
> Und sag' ich Ja, so klag' ich nicht mit Rechte.
> Bei widerwärt'gem Wind auf morschem Kahne
> Treib' ohne Steuer ich durch offne Fluten,
>
> So leicht an Wissen und so voll von Wahne,
> Daß selber ich nicht weiß, was gern ich möchte,
> Im Winter glüh', und beb' in Sommers Gluten.
>   (Petrarca 1987, 129)

Dieses Sonett ist ein Gedicht *über* die Liebe. Sie erscheint ganz als subjektives Gefühl, das dem Ich zugehört, das als „io" von sich spricht. Mehr als Shakespeares Sonett ist das Sonett Petrarcas vor allem sprecherbezogen: Es spricht von dem, der Liebe fühlt. Das Objekt der Liebe kommt nicht vor. Es gibt nur eine Anrede in dem Gedicht: die an die Liebe in Vers 7 und 8. So ist es, schon an seinen Redeweisen zu erkennen, kein Liebesgeständnis und keine Liebeswerbung, sondern Darstellung und Reflexion einer Liebe – an der der Sprecher zu verzweifeln scheint –, und sowohl sprecher- wie gegenstandsbezogen. Dabei ist das Gedicht geradezu argumentativ. Nur am Ende des zweiten Quartetts wird die Argumentationslinie durchbrochen, wenn der Dichter die personifizierte Liebe anspricht. Ansonsten variiert er den einen Gedanken von dem ‚süßen Übel', der ‚schmerzhaften Liebe'.

Das Gedicht als Reflexion über die Liebe schließt an die Amor-Diskussionen an, die aus der römischen und der frühen italienischen Lyrik bereits Dante vertraut waren. Solche intertextuellen Bezüge zur römischen Literatur sind in zahlreichen Gedichten Petrarcas zu finden: Sie sind geradezu ein Kompositionsfaktor seiner Lyrik und haben dazu beigetragen, ihm den Ruf eines *poeta doctus* zu sichern (vgl. Friedrich 1964, 231).

4 Naturlyrik

Der dritte traditionsreiche lyrische Typus ist das Naturgedicht. Natur ist dabei in einem weiten Sinn zu verstehen: als belebte und unbelebte, als mineralische, pflanzliche oder tierische. Naturgedichte hat es schon früh gegeben. In der griechischen Literatur gehört das den Homerischen Hymnen zugeordnete Gedicht an *Erde du, Mutter Aller* (Griechische Gedichte 1972, 29) zu den ersten Beispielen. Seinem hohen Alter entsprechend ist auch dieser lyrische Typus vielgestaltig. Georg Braungart hat allein fünf große historische Typen seit der Antike unterschieden – vom antiken Lehrgedicht bis zur modernen, die Geschichte einbeziehenden Naturlyrik (vgl. Braungart 2016, 133). Dabei ist die asiatische, zumal die chinesische und die japanische Naturlyrik noch nicht berücksichtigt, die ihr eigenes Recht beansprucht.

Naturlyrik in diesem Sinn sind etwa Landschafts- und Wettergedichte, Blumen- und Tiergedichte, Tages- und Jahreszeitengedichte. Die thematische Bandbreite ist groß, auch Lehrgedichte, die eine Naturphilosophie entwerfen oder sich auf sie beziehen, gehören dazu. Den einen Pol der Naturlyrik markieren betont sprecherbezogene Gedichte, in denen ein Ich einen natürlichen Gegenstand anspricht, wie in Goethes *An den Mond* (Erste Fassung):

> Füllest wieder's liebe Tal
> Still mit Nebelglanz,
> Lösest endlich auch einmal
> Meine Seele ganz.
>
> Breitest über mein Gefild
> Lindernd deinen Blick
> Wie der Liebsten Auge, mild
> Über mein Geschick.

Das du so beweglich kennst,
Dieses Herz im Brand,
Haltet ihr wie ein Gespenst
An den Fluß gebannt,

Wenn in öder Winternacht
Er vom Tode schwillt
Und bei Frühlingslebens Pracht
An den Knospen quillt.

Selig, wer sich vor der Welt
Ohne Haß verschließt,
Einen Mann am Busen hält
Und mit dem genießt,

Was den Menschen unbewußt
Oder wohl veracht'
Durch das Labyrinth der Brust
Wandelt in der Nacht.
   (Goethe 1982, I, 128–129)

Das ist zunächst ein Landschafts- und Nachtgedicht, ausweislich des Titels auch ein Gedicht an und auf den Mond. Doch schon in der ersten Strophe setzt sich das sprechende Ich in ein Verhältnis zu ihm: Die Nacht wird ihm zu einem Erlebnis. Es spricht den Mond an, als wäre er eine lebende Person, die ihn beschützt, ihn versteht und in sein Innerstes sehen kann. Dieser Mond wird sogar als ein fürsorglich Handelnder gedacht und in der dritten Strophe mit der „Liebsten" zusammen genannt.

Im Wechsel der Aussprache des „Ich" und der Ansprache als „Du" wird die Natur subjektiviert. Das Verhältnis des Sprechers zu ihr ist innerlich: Natur und Mensch sind wissend aufeinander bezogen. Der Mensch ist, außer in gewissen Winternächten, in der Natur aufgehoben, die Natur dem Menschen verständlich, dabei nicht nur ein Lebens-, sondern auch ein Gefühlsraum. Erst in ihr kommt er zu sich. Insofern ist das Gedicht am Anfang und am Ende wieder vor allem sprecherbezogen.

Allerdings ist es auch an einen Adressaten gerichtet und entfaltet sogar die Situation, in der es erst zur Gefühlsaussprache kommt oder kommen kann: eine neblige Mondnacht in einem Flusstal, das Bürger von Weimar identifizieren konnten. Insofern sind Goethes Verse dann auch situationsbezogen – und damit vollends in der Kombination verschiedener Bezüge komplexe lyrische Einzelrede.

Man kann in Goethes Versen ein ‚mythisches Weltbild' am Werk sehen (vgl. Schlaffer 1990, 107), das schon, als sie geschrieben wurden, veraltet und überholt war – und trotzdem noch immer seine suggestive Wirkung entfalten kann. Die Natur kann dadurch in ihnen zum Anlass und zum Adressaten einer Gefühlsaussprache werden.

Der starke Sprecherbezug, zu dem die Verwendung der ersten Person Singular gehört, kennzeichnet den einen Pol lyrischer Naturgedichte. Der andere ist älter, allerdings durch die Beliebtheit subjektiver Naturlyrik seit dem 19. Jahrhundert

4 Naturlyrik

im Bewusstsein der Leser weniger präsent. Gegenstandsbezogene Naturgedichte sind ganz oder überwiegend darstellend oder beschreibend, zumeist in der dritten Person. Ein Beispiel dafür ist eines der ältesten abendländischen Naturgedichte, das möglicherweise nur ein Fragment ist. Es stammt von dem in Sparta ansässigen Dichter Alkman aus dem siebenten Jahrhundert v. Chr.:

> Nun ruhen der Berge Gipfel und Schluchten,
> Die Hügel, die Täler der Flüsse,
> Alles Getier, das die dunkle Erde ernährt,
> Das Wild im Wald am Gebirg und die Völker der Bienen,
> Die Ungetüme am Grunde des purpurnen Meeres;
> Nun ruhen die Schwärme der schwingenspreitenden Vögel.
> (Griechische Lyriker 1968, 89)

Das Gedicht scheint nur Eindruck an Eindruck zu reihen, ist aber tatsächlich wohlgeordnet: Erst wendet es sich der Erde zu, dann dem Meer, schließlich dem Himmel. Ruhig schildert es die nächtliche Ruhe, die in die Natur Einzug gehalten hat, wie es auch in *Wanderers Nachtlied* der Fall ist. Allerdings ist es ganz objektbezogen: Ein Subjekt gibt sich nicht zu erkennen. Das Gedicht gilt der natürlichen Welt als Kosmos, soweit er Menschen erkennbar und beobachtbar ist. In der beschreibenden Rede gibt es kein „Ich" und kein „Du"; sie beschränkt sich auf die dritte Person. Der Plural zeigt dabei an, dass nicht nur ein kleiner Teil der Natur wie bei Goethe gemeint ist.

Neben einer solchen Sicht auf die Natur im Großen ist auch der Blick auf das natürliche Detail in deskriptiver Naturlyrik zu finden, so bei dem Meister des Haiku, dem japanischen Dichter Bashô. Sein berühmtestes Haiku lautet:

> Der alte Teich.
> Ein Frosch springt hinein –
> Das Geräusch des Wassers
> (zit. nach Krusche 1996, 30).

Auch dieses nicht nur kurze, sondern lakonisch knappe Gedicht in der metrischen Form des siebzehnsilbigen Haiku (vgl. zur Gattung und ihrer deutschen Rezeptionsgeschichte Wittbrodt 2005) ist offenbar subjektlos, ein reines Natur-Bild, einfach und alltäglich. Es spricht von Bewegung und Ruhe, Laut und Stille zugleich: Das eine bereitet jeweils das andere vor und geht in ihm auf.

Solche Naturgedichte werden oft als rein objektive Schilderungen gelesen. Sprachlich sind sie das auch. Dass im Unterschied etwa zu einem Erlebnisgedicht kein Sprecher als lyrisches Ich hervortritt, bedeutet allerdings nicht, dass das Subjekt in diesem Fall nicht mitgedacht würde. Es ist vielmehr eingeschlossen, insofern es eins mit der Natur ist: Es nimmt nur auf, was es sieht und hört, es versenkt sich in die Welt, wie sie sich, im Kleinen, vor seinen Augen verändert, und erfährt dabei in der Stille der Einsamkeit, weitab von anderen Menschen, ihre unwandelbare Schönheit. Gleichwohl unterscheidet sich das Haiku in seiner gegenstandsbezogenen Redeweise grundlegend von einem primär sprecherbezogenen Gedicht wie *An den Mond*.

5 Politische Lyrik

Das politische Gedicht ist, fast bis in die Gegenwart, der umstrittenste lyrische Typus, obwohl es auch eine lange, bis in die Antike zurückreichende Geschichte hat (vgl. von Ammon 2016). Die Kritik an ihm ist wesentlich begründet in einem Verständnis der Lyrik als Dichtung, die sich nicht in den Streit der Welt einmischt, hohen Rede-Gegenständen vorbehalten ist und sich einer gleichfalls hohen Redeweise bedient. Es ist nicht schwer zu sehen, dass ein solcher dogmatisch-enger Lyrikbegriff der tatsächlichen Pluralität der Gattung nicht annähernd gerecht werden kann.

Politisch sind lyrische Gedichte nicht nur, wenn sie gegenstandsbezogen von politischen, also öffentlichen Angelegenheiten sprechen, sondern auch dann, wenn sie die politische Einstellung eines Sprechers erkennen lassen, zu welchem Gegenstand immer (vgl. Lamping 2008, 13). Auch politische Lyrik ist durch Pluralität gekennzeichnet. In ihr kommen die unterschiedlichsten Subjekte zu Wort, neben Einzelnen auch Gruppen, und sie bedienen sich der unterschiedlichsten Äußerungsarten zwischen Bekenntnis, Darstellung und Aufforderung. Daneben gibt es allerdings, mit der Gattung des Herrscherlobs, auch noch preisende Lyrik, die in der Moderne jedoch in Misskredit geraten ist – was allerdings nicht heißt, dass sie verschwunden wäre.

Der erste politische Lyriker des Abendlands dürfte Alkaios gewesen sein, Landsmann und Zeitgenosse Sapphos, ein in jeder Hinsicht kampflustiger Dichter mit militärischer Laufbahn, der wiederholt ins Exil musste. Politisch ist seine Lyrik vor allem in der Teilnahme an den politischen Auseinandersetzungen der Zeit in seiner Heimat, der Insel Lesbos, wie sein bis heute bekanntes Gedicht:

> Der Winde Zwist zu fassen vermag ich nicht.
> Es wälzt sich eine Woge heran von hier,
>   Von dort die andre. Wir inmitten
>   Treiben dahin mit dem düstern Nachen
>
> Und ringen mühsam gegen den großen Sturm;
> Denn schon die Mastbaumfessel erfaßt die Flut;
>   Die Segel alle sind zerzaust und
>   Hangen in mächtigen Fetzen nieder;
>
> Der Arm erschlafft...
>   (Griechische Lyrik 1961, 55)

Das ist, auch heute noch, ein lyrisches Gedicht voller Dramatik – dessen Reiz dadurch gesteigert wird, dass es als Fragment überliefert ist. Das verleiht der Form des Gedichts eine vom Dichter allerdings nicht beabsichtigte, ihr vielmehr erst durch die Überlieferungsgeschichte zugefallene symbolische Bedeutung: Die Form erscheint beschädigt, „zerzaust", wie das Schiff in stürmischer See.

Die Dramatik des Gedichts beruht zunächst auf der Schilderung des Sturms, der Wellen, die wie im Streit heranbrausen und das Segel zerfetzen. Er wird von

5 Politische Lyrik

einem Sprecher wahrgenommen, der sich auf dem in Seenot geratenen Schiff, mitten im Geschehen, befindet, ihm mit erlahmenden Kräften ausgeliefert. Die Dramatik der Situation wird durch den Stil des Dichters verstärkt, vor allem durch die für Alkaios typischen Reihungen, in diesem Fall von Beschreibungssätzen.

Das Gedicht lässt sich zunächst als Darstellung eines Schiffs in Seenot lesen, als gegenstandsbezogenes Naturgedicht in der dritten Person und im Präsens. Allerdings erlaubt es noch eine zweite Lesart, eine politische: der Schiffbruch als Allegorie eines durch Bürgerkrieg, durch den Kampf verschiedener Parteien in Turbulenzen geratenen Staates. So ist das Gedicht seit der Antike auch begriffen worden, etwa von Wolfgang Schadewaldt:

> Das Gedicht schildert nicht ein einfaches Stück Leben, sondern hier kommt etwas auf, das Alkaios vielleicht nicht als erster gemacht, aber doch zuerst mit dieser Entschiedenheit hingestellt hat: das Schiff als Allegorie des Staates. Denn das war mit dem Gedicht gemeint, wie wir von den antiken Kommentatoren wissen. (Schadewaldt 1989, 199)

Eine Rolle bei dieser Lesart mag gespielt haben, dass sich die Wirklichkeitsbezüge genau bestimmen ließen (vgl. ebd.). Auch solche Referenzialität ist für politische Lyrik typisch: Sie ist in der Regel faktual. Das Gedicht des Alkaios, in seiner überlieferten Form, ist zugleich gegenstandsbezogen, wobei das, wovon es spricht, eine bestimmte Situation ist, aus der heraus auch offenbar gesprochen wird. Trotz der Ich-Form des Anfangs ist es nicht in derselben Weise auch sprecherbezogen: Der Sprecher ist vor allem Beobachter.

Solche unpersönlich sprechende politische Lyrik gibt es bis in die Gegenwart. Sie ist vor allem Darstellung eines Sachverhalts, der in der Regel ein Missstand ist. Bertolt Brechts *Kriegsfibel* ist voll solcher Gedichte – wie zum Beispiel:

> AUF DER MAUER STAND MIT KREIDE:
> Sie wollen den Krieg.
> Der es geschrieben hat
> Ist schon gefallen.
> (Brecht 1997, III, 276)

Diese vier Epigramm-Verse konzentrieren sich darauf, einen Wirklichkeits-Ausschnitt darzustellen. Die politische Einstellung ist der Beschreibung impliziert: dem Aufweis der Wahrheit. Er macht es unnötig und überflüssig, von der Haltung oder dem Gefühl eines „Ich" zu sprechen. Es genügt, die Wirklichkeit zu enthüllen.

Solche gegenstandsbezogene politische Lyrik ist von einem anderen Typus zu unterscheiden, den man als sprecherbezogen beschreiben kann. Er ist wesentlich bekenntnishaft, Ausdruck einer Einstellung des Verfassers zu politischen Veränderungen. Zu diesem Typus gehört etwa das letzte Gedicht, das Karl Kraus in der letzten Ausgabe seiner Zeitschrift *Die Fackel* im Oktober 1933 veröffentlichte:

> Man frage nicht, was all die Zeit ich machte.
> Ich bleibe stumm;
> und sage nicht, warum.

> Und Stille gibt es, da die Erde krachte.
> Kein Wort, das traf;
> man spricht nur aus dem Schlaf.
> Und träumt von einer Sonne, welche lachte.
> Es geht vorbei;
> nachher war's einerlei.
> Das Wort entschlief, als jene Welt erwachte.
> (Kraus 1989, 637)

Das sind Verse ganz in der Tradition subjektiver Bekenntnis-Lyrik – mit dem einen Unterschied, dass das Bekenntnis nicht religiöser oder konfessioneller, sondern politischer Art ist. Dass es im Schweigen des Zeitgenossen über seine Zeit, die der beginnenden nationalsozialistischen Herrschaft, liegen soll, ist eine performative Paradoxie: Zu sagen, dass man nichts sage – und dass dies die eigentliche Aussage ist. Die Andeutungen, die Kraus macht, sind allerdings deutlich genug: dass er in den Nationalsozialisten die Feinde alles dessen erblickt, was ihm wertvoll ist.

Zu solchen sprecherbezogenen politischen Gedichten in der Ich-Form gibt es als Pendant solche in der Wir-Form. Politische Lyrik ist nicht unbedingt nur Einzellyrik, wie etwa die erotische, sondern, ähnlich wie die religiöse, auch Chorlyrik. Ein Kollektiv lässt etwa Bertolt Brecht in seinem durch und durch propagandistischen *Aufbaulied der F.D.J.* zu Wort kommen:

> Keiner plagt sich gerne, doch wir wissen:
> Grau ist's immer, wenn ein Morgen naht
> Und trotz Hunger, Kält und Kümmernissen
> Stehn zum Handanlegen wir parat.
> (Brecht 1997, IV, 395)

Es ist ein Chor der jungen Arbeiter, den Brecht in diesem fiktionalen Gedicht fingiert – der Jugend, die den Sozialismus aufbauen und sich in den Versen genau dazu bekennen soll.

Von politischen Gedichten, die durch Darstellung und Beschreibung oder Bekenntnis gekennzeichnet sind, lassen sich schließlich solche unterscheiden, die wesentlich Aufforderung sind. Sie haben durchweg einen Adressaten, der in der Du- oder Ihr-Form angesprochen wird, wie in Brechts ebenso eingängigem wie ideologischem *Einheitsfrontlied*:

> Und weil der Mensch ein Mensch ist
> Drum will er was zum Essen, bitte sehr!
> Es macht ihn kein Geschwätz nicht satt
> Das schafft kein Essen her.
> *Drum links, zwei, drei! Drum links, zwei, drei!*
> *Wo dein Platz, Genosse, ist!*
> *Reih dich ein in die Arbeitereinheitsfront*
> *Weil du auch ein Arbeiter bist.*
> (Brecht 1997, III, 290)

Das ist ganz im Dienst einer politischen Gemeinschaftsbildung stehende Lyrik, die Aufforderung an einen – idealen – Einzelnen ist, aber ebenso auch an eine Gruppe oder ein größeres Kollektiv gerichtet sein kann, wie in diesem Fall der „Arbeiter jeglicher Partei" (Knopf in: ebd., 472) im Kampf gegen Nationalsozialismus und Faschismus.

Für solche adressatenbezogene, nicht selten agitatorische politische Lyrik in der zweiten Person gibt es zahlreiche Beispiele wie etwa Pablo Nerudas *Erklärung einiger Dinge* (*Explico algunas cosas*), das emphatisch mit Aufforderungen endet: an die „Generäle/ Verräter", die für den Angriff der faschistischen Truppen auf Madrid im Spanischen Bürgerkrieg verantwortlich waren. „Kommt, seht das Blut in den Straßen/ kommt, seht" (Neruda 1971, 115): Die angesprochenen Anderen sind in diesem Fall die politischen Feinde. Nicht Gemeinschaftsbildung, sondern, noch deutlicher als bei Brecht, Abgrenzung ist das Ziel solcher Aufforderung.

6 Autobiographische Lyrik

Seit dem 18. Jahrhundert gelten lyrische Gedichte häufiger als früher dem Leben und Erleben der Verfasser. Zu viel Beachtung gebracht hat es das Erlebnisgedicht, das definiert worden ist als eine „Form von Lyrik, die (tatsächlich) ein individuelles Erlebnis des Autors ausdrückt" (Wünsch 1997, 498). Auslegungsbedürftig ist dabei der psychologisch und philosophisch aufgeladene Begriff des Erlebnisses. Er meint nicht einfach etwas, das der Verfasser erlebt hat, sondern ein besonderes Erlebnis, dessen Exzeptionalität unterschiedlich definiert wird. Neutraler und weiter gefasst – und ihm schon deshalb vorzuziehen – ist der Ausdruck ‚autobiographische Lyrik', der allein durch den Bezug auf die Biographie des Autors bestimmt ist. Autobiographisch ist ein lyrisches Gedicht dann, wenn es sich auf etwas im Leben seines Verfassers bezieht, sei es ein Ereignis, sei es eine Zeit, sei es auch das ganze gelebte Leben (zu lyrischer Autobiographik vgl. auch Klimek 2019).

Solche Lyrik ist naheliegenderweise Rede in der ersten Person, sie ist oft – aber nicht ausschließlich – Rede in der Vergangenheitsform, und sie ist ebenfalls häufig erzählend oder berichtend. Komplexere Realisierungen dieses Typus zeichnen sich durch eine Pluralität der Bezüge aus – so wie Czesław Miłoszs Gedicht *Gabe*:

> Der Tag war glücklich.
> Der Nebel fiel früh herab, ich hatte im Garten zu schaffen.
> Die Kolibris rasteten an der Blüte des Kaprifoliums.
> Es gab kein Ding in der Welt, das ich hätte haben wollen.
> Ich kannte niemanden, den ich beneiden müßte.
> Was Böses geschehen war, hab ich vergessen.
> Ich schämte mich nicht zu denken, ich sei, wer ich bin.
> Ich spürte keinerlei Schmerz im Leibe.
> Aufgerichtet sah ich das blaue Meer und die Segel.
> (Miłosz 1979, 108)

Gabe ist ein Gedicht über eine Glückserfahrung und insofern auf den Sprecher bezogen: Es handelt von seinem Erlebnis. Zugleich ist es aber auch situationsbezogen: Es schildert einen bestimmten Moment am Ende eines bestimmten Tages. Objektbezogen ist es schließlich, insofern es die Umstände dieses Erlebnisses aufzählt: die Tageszeit und den Ort vor allem. Glück schildert Miłosz als Einverständnis mit dem Ort, an dem man zur rechten Zeit ist, und als Einverstandensein mit sich selber.

Ähnlich komplex ist auch eines der letzten Gedichte Bertolt Brechts:

ALS ICH IM WEISSEN KRANKENZIMMER DER CHARITÉ
Aufwachte gegen Morgen zu
Und eine Amsel hörte, wusste ich
Es besser. Schon seit geraumer Zeit
Hatte ich keine Todesfurcht mehr, da ja nichts
Mir je fehlen kann, vorausgesetzt
Ich selber fehle. Jetzt
Gelang es mir, mich zu freuen
Alles Amselgesanges nach mir auch.
(Brecht 1997, IV, 448)

Brechts Verse verzichten auf rhetorischen und formalen Aufwand. Kunstvoll sind sie gleichwohl. Die Versgliederung folgt nicht der gewöhnlichen Satzbetonung, sondern setzt durch die Platzierung von Wörtern am Versanfang und Versende eigene Akzente und staut durch Pausen den natürlichen Sprachfluss. Kunstvoll ist auch die Komposition: Genau in der Mitte, im fünften von neun Versen, ist die entscheidende Aussage platziert.

Es ist nicht schwer zu erkennen, dass dies ein autobiographisches Gedicht ist. Es bezieht sich, ähnlich wie die Verse Miłoszs, auf eine konkrete, in diesem Fall sogar genau benenn- und datierbare Situation. Brecht schrieb das Gedicht im Mai 1956, ungefähr drei Monate vor seinem Tod, als er wegen einer lebensbedrohlichen Virusgrippe ins Krankenhaus eingeliefert wurde. Die tatsächliche Ursache seiner Schwäche, eine Herzentzündung, wurde allerdings nicht erkannt, so dass sie wenig später zum Tod führte.

Das Gedicht ist zunächst erzählend, und es erzählt von einer Situation: dem Aufwachen in der Klinik, in die den Kranken nicht nur seine Krankheit, vielleicht auch seine Angst vor dem Tod gebracht hat. Das Fehlen dieser früheren Furcht, das der Sprecher an sich feststellt, ist das Thema des Gedichts. Das Aufwachen wird zum Moment der Erkenntnis: Der Sprecher hat eingesehen, dass man sich vor dem Tod nicht fürchten müsse. Insofern entwickelt sich das Erzähl- zum Gedankengedicht. Dabei legt sich über den Sprecher- und den Situationsbezug ein gegenstandsbezogen-philosophischer.

Die entscheidende Einsicht wird scheinbar paradox, tatsächlich aber ganz logisch hergeleitet (vgl. auch Kittstein 2012, 351–352). Dementiert wird mit einer fast schulmäßigen Schlussfolgerung der Glaube an die Unsterblichkeit der Seele, wie er in der abendländischen Philosophie gelehrt wird. *Als ich im weißen Krankenzimmer der Charité* könnte man auch im herkömmlichen Sinn ein

Erlebnisgedicht nennen. Das Ereignis, von dem es erzählt, ist wesentlich ein Erkenntnismoment, und es ist eine wichtige, existenzielle Erkenntnis, die der Sprecher in ihm gewinnt. Ihre Bedeutung geht weit über den geschilderten Augenblick hinaus.

Der Gedanke, den Brecht in seinem Gedicht entwickelt, stammt allerdings nicht von ihm, sondern von einem seiner antiken Lieblingsautoren: von Titus Lucretius Carus, kurz Lukrez genannt. Der dritte Teil des dritten Buchs seines großen Lehrgedichts *De rerum natura* ist der Todesfurcht gewidmet. Dass nichts vom Tode zu fürchten sei, lautet der eine zentrale Satz bei Lukrez: „nihil esse in morte timendum" (Lucretius Carus 1977, 236). Der andere, der die ganze Lehre zusammenfasst: „Nichts geht also der Tod uns an und reicht an uns nirgends" (ebd., 233): „Nil igitur mors est ad nos neque pertinet hilum" (ebd., 232).

Diese sentenzhaft formulierten Gedanken gehen aber im Letzten nicht auf Lukrez, sondern auf den griechischen Philosophen Epikur zurück. *De rerum natura* ist ein Versuch, dessen Philosophie in ihren wichtigsten Lehrsätzen darzustellen. Brecht stellt sich mit seinem beziehungsreichen, fremde Rede paraphrasierenden Gedicht in diese literarische und zugleich philosophische Reihe.

Die poetische und philosophische Komplexität, die das kurze Gedicht besitzt, ist für autobiographische Lyrik typisch. Das ist nicht schwer zu erklären. Das eigene Leben ist nicht weniger komplex als der Glaube an einen Gott, die Liebe zu einem anderen Menschen oder die Hinwendung zur Natur. Die Tiefe, die es über eine einzelne Begebenheit hinaus hat, wird in autobiographischen Gedichten fast selbstverständlich ausgemessen.

7   Pluralität, Individualität und Freiheit

Die Reihe der fünf großen historischen Typen lyrischer Gedichte zeigt, im Einzelnen wie im Ganzen, Vielfalt: eine Vielfalt nicht nur der Rede-Gegenstände, auch eine Vielfalt der Formen und eine Vielfalt der Redeweisen, der Bezüge und Referenzen. Lyrische Rede ist nicht auf eine Form und eine Art der Sprachverwendung beschränkt. Sie kann vieles sein: sprecher- oder adressatenbezogen, situations- oder gegenstandsbezogen. Sie kann sich der unterschiedlichsten Redeweisen bedienen: Aussprache und Anrede, Beschreibung und Bekenntnis, Aufforderung und Appell, Erzählung und Werbung, Argumentation und Reflexion. Sie kann sowohl streng monologisch wie dialogisiert sein, sowohl faktual wie fiktional.

Wenn ein lyrisches Gedicht fremde Rede oder fremde Gedanken integriert, wie es Brecht in seinem autobiographischen Gedicht tut, kann es an andere, poetische oder nicht-poetische, etwa philosophische Diskurse anschließen. Es kann aber auch von der Möglichkeit Gebrauch machen, sein Thema, welches es auch sein mag, auf eigene und eigenständige Weise abzuhandeln. Lyrik beansprucht, unausgesprochen oder ausdrücklich, Allzuständigkeit für alle Fragen des Lebens.

Die Pluralität, die sich in der Reihe der Typen lyrischer Gedichte zeigt, ist keine bloße Diversität oder gar Heterogenität (vgl. Wolf 2005, 22). Sie ist immer die Pluralität der Einzelrede: In ihr realisieren sich deren verschiedene Möglichkeiten. Nur ein weitgefasstes Kriterium wie sie ist geeignet, dem Spielraum einer großen Gattung gerecht zu werden

Aus dieser Pluralität sind zwei theoretische Schlussfolgerungen zu ziehen:

Erstens ist es offensichtlich unangemessen, nur einen Typus lyrischer Versrede (oder einen Prototyp u. ä.) gelten zu lassen, wie es in der Lyrik-Theorie noch immer der Fall ist. Das lyrische Gedicht kennt in seiner Pluralität verschiedene historische Typen. Es auf einen festlegen zu wollen, bedeutet eine unzulässige Verengung, die den Blick auf die Gattung verstellt.

Zweitens ist das lyrische Gedicht auch nicht vor allem durch bestimmte Bindungen, zumal formaler, sprachlicher oder thematischer Art, zu bestimmen. Es ist tatsächlich nicht an viel gebunden. Das lyrische Gedicht besitzt vielmehr große Spielräume der Freiheit. Sie haben sich besonders deutlich in der Moderne gezeigt. Ihre Experimente lassen erkennen, welche Möglichkeiten der Lyrik offenstehen. (vgl. auch Lamping 2019, 37).

Literatur

Textausgaben

Antike Lyrik. Hg. von Carl Fischer. Mit einem Nachwort von Wolf-Hartmut Friedrich und Erläuterungen von Klaus Ries. München 1964.
Giorgio Bassani: In einem alten italienischen Garten. Gedichte. Italienisch/Deutsch. Ausgewählt und aus dem Italienischen übertragen von Michael Marschall von Bieberstein. Mit einer Einführung von Heinz Willi Wittschier. München, Zürich 1991.
Die Bibel. Die Heilige Schrift des alten und neuen Bundes. Vollständige deutsche Ausgabe. Freiburg i. Br. 19. Aufl. 1975.
Bertolt Brecht: Ausgewählte Werke in sechs Bänden. Jubiläumsausgabe zum 100. Geburtstag. Frankfurt a. M. 1997.
Bob Dylan: Lyrics 1962–2001. Sämtliche Songtexte. Deutsch von Gisbert Haefs. Hamburg 2004.
Simone Frieling (Hg.): Die Lyrik des Abendlandes. Von den Griechen bis zur Gegenwart. Köln 2009.
Johann Wolfgang Goethe: Werke. Kommentare und Register. Hamburger Ausgabe in 14 Bänden. Hg. von Erich Trunz. München 13. Aufl. 1982.
Griechische Gedichte. Mit Übertragungen deutscher Dichter. Hg. von Horst Rüdiger. München 4. bearbeitete Aufl. 1972.
Griechische Lyriker. Griechisch und Deutsch. Gänzlich überarbeitete Neuausgabe. Übertragen, eingeleitet und erläutert von Horst Rüdiger. Zürich, München 1968.
Griechische Lyrik. Deutsch von Emil Staiger. Erläutert von Georg Schoeck. Zürich 1961.
Karl Kraus: Gedichte. Hg. von Christian Wagenknecht. Schriften Band 9. Frankfurt a. M. 1989.
Dietrich Krusche (Hg.): Auf einen Atemzug. Klassische Haiku. München 1996.
Titus Lucretius Carus: De rerum natura. Welt aus Atomen. Lateinisch/Deutsch. Übersetzt und mit einem Nachwort hg. von Karl Büchner. Stuttgart 1977.
Czesław Miłosz: Zeichen im Dunkel. Poesie und Poetik. Hg. von Karl Dedecius. Frankfurt a. M. 1979.
Pablo Neruda: Erklärung einiger Dinge. Dichtungen. Deutsch von Erich Arendt. München 1971.

William Shakespeare: Die Sonette. Hg. von Walther Killy. Frankfurt a. M., Hamburg 1960.
Francesco Petrarca: Canzoniere. Zweisprachige Auswahl (Italienisch-Deutsch) aufgrund der Übertragung von Karl Förster. Ausgewählt, eingeleitet und mit Anmerkungen versehen von Gerhard Regn. Mainz 1987.

Forschungsliteratur

Frieder von Ammon: Politische Lyrik. In: Dieter Lamping (Hg.): Handbuch Lyrik. Theorie, Analyse, Geschichte. Stuttgart 2. Auflage 2016, S. 152–159.
Rudolf Brandmeyer: Poetologische Lyrik. In: Dieter Lamping (Hg.): Handbuch Lyrik. Theorie, Analyse, Geschichte. Stuttgart 2. Auflage 2016, S. 164–168.
Georg Braungart: Naturlyrik. In: Dieter Lamping (Hg.): Handbuch Lyrik. Theorie, Analyse, Geschichte. Stuttgart 2. Auflage 2016, S. 138–145.
Wolfgang Braungart: „Der Mensch ist sich selbst ein gewaltiger Abgrund": Artikulation und Subjektivität. Einige Thesen zum Verhältnis von Literatur und Religion. In: Ders. u. a. (Hg.): Literatur/Religion. Bilanz und Perspektiven eines interdisziplinären Forschungsgebietes. Stuttgart 2019, S. 3–27.
Heinrich Detering: Lyrik und Religion. In: Dieter Lamping (Hg.): Handbuch Lyrik. Theorie, Analyse, Geschichte. Stuttgart 2. Auflage 2016, S. 119–128.
Bernard Dieterle: Lyrik und Interkulturalität. In: Dieter Lamping (Hg.): Handbuch Lyrik. Theorie, Analyse, Geschichte. Stuttgart 2. Auflage 2016, S. 227–235.
Carolin Fischer: Liebeslyrik. In: Dieter Lamping (Hg.): Handbuch Lyrik. Theorie, Analyse, Geschichte. Stuttgart 2. Auflage 2016, S. 129–138
Hugo Friedrich: Epochen der italienischen Lyrik. Frankfurt a. M. 1964.
Ulrich Kittstein Das lyrische Werk Bertolt Brechts. Stuttgart, Weimar 2012.
Sonja Klimek: Lyrik und Autobiographik. Zur Funktion von Orts- und Zeitangaben in den Peritexten von Gedichten. In: Claudia Hillebrandt u. a. (Hg.): Grundfragen der Lyrikologie. Band 1: Lyrisches Ich, Textsubjekt, Sprecher? Berlin, Boston 2019, S. 177–206.
Dieter Lamping: „Wir leben in einer politischen Welt". Lyrik und Politik seit 1945. Göttingen 2008.
Dieter Lamping (Hg.): Handbuch Lyrik. Theorie, Analyse, Geschichte. Stuttgart 2. Auflage 2016.
Dieter Lamping: Eine Theorie des lyrischen Gedichts. In: Recherches germaniques 14 (2019), S. 31–37.
Wolfgang Schadewaldt: Die frühgriechische Lyrik. Tübinger Vorlesungen Band 2. Unter Mitwirkung von Maria Schadewaldt hg. von Ingeborg Schudoma. Frankfurt a. M. 1989.
Heinz Schlaffer: Poesie und Wissen. Die Entstehung des ästhetischen Bewußtseins und der philologischen Erkenntnis. Frankfurt a. M. 1990.
Peer Trilcke: Geschichtslyrik. In: Dieter Lamping (Hg.): Handbuch Lyrik. Theorie, Analyse, Geschichte. Stuttgart 2. Auflage 2016, S. 159–163.
Andreas Wittbrodt: „Hototogisu ist keine Nachtigall". Traditionelle japanische Gedichtformen in der deutschsprachigen Literatur (1849–1999). Göttingen 2005.
Werner Wolf: The Lyrics: Problems of Definition. In: Eva Müller-Zettelmann und Margarete Rubik (Hg.): Theory into Poetry. New Approaches to the Lyric. Amsterdam, New York 2005, S. 21–56.
Marianne Wünsch: Erlebnislyrik. In: Reallexikon der deutschen Literaturwissenschaft. Neubearbeitung des Reallexikons der deutschen Literaturgeschichte gemeinsam mit Harald Fricke, Klaus Grubmüller und Jan-Dirk Müller hg. von Klaus Weimar. Band 1: A – G. Berlin, New York 1997, S. 498–500.

Funktionen der Lyrik

11

Inhaltsverzeichnis

1 Schwierigkeiten einer Funktions-Theorie der Lyrik.......................... 105
2 Funktionen des lyrischen Gedichts.. 106
3 Das Beispiel Montale 107
4 Wozu Lyrik, philosophisch 111
5 Aussichten... 114
Literatur... 114

1 Schwierigkeiten einer Funktions-Theorie der Lyrik

Die Pluralität des lyrischen Gedichts, wie sie an seinen verschiedenen Typen deutlich wird, macht es vorderhand schwierig, eine alte, scheinbar ganz einfache Frage zu beantworten: „Wozu Lyrik?" Sie ist oft als rhetorische Frage verstanden worden, auf die eine Antwort zu geben nicht nötig ist, weil sie ohnehin auf der Hand liegt. Für viele, Leser, Kritiker, Philologen, steht fest, dass Lyrik zwecklos oder sogar nutzlos sei: dass sie keinen anderen Zweck hat, als zu gefallen, ansonsten aber keinen greifbaren Nutzen verspricht. Das ist jedoch mehr ein Dogma als eine Erkenntnis. Dass lyrische Gedichte nützlich sein müssen, lässt sich allein schon aus den verschiedenen Zusammenhängen schließen, in denen sie zu finden sind. Sie können etwa Teil von Gottesdiensten wie von Kinderspielen sein, in der Werbung Verwendung finden oder im Schulunterricht, sie begegnen in der großen medialen Öffentlichkeit als politische Lieder, Fangesänge und Nationalhymnen und, wohl am häufigsten, als Popsongs.

Wozu Lyrik heute hat Hilde Domin ihr 1968 zuerst erschienenes Buch über „Dichtung und Leser in der gesteuerten Gesellschaft" genannt (vgl. Domin 1975). Sie hat im Titel aus der damals oft kritisch gestellten Frage eine Feststellung gemacht, um anzuzeigen, dass die Lyrik durchaus noch eine Aufgabe habe. Man kann die Frage auch weiter fassen, als sie es getan hat: als Frage allgemein nach den Funktionen lyrischer Gedichte.

Dass Lyrik verschiedene Funktionen erfüllen kann, sei es für den Autor, sei es für den Leser, ist inzwischen weitgehend Konsens. Rüdiger Zymner hat in seiner auf Allgemeinheit zielenden Theorie der *Funktionen der Lyrik* eine ganze Reihe aufgemacht. Zu ihr gehören zum einen ‚interne' Funktionen wie die ‚Traditionsbildungsfunktion', die ‚Innovationsfunktion', die ‚Reflexionsfunktion' und die ‚Überlieferungsfunktion', andererseits ‚externe' Funktionen wie die ‚kommunikative', die ‚dispositive', die ‚kognitive', die ‚mimetische' und die ‚dekorative' (vgl. Zymner 2013). Dass Gedichte, auch lyrische Gedichte, diese Funktionen erfüllen können, ist kaum zu bestreiten. Sie scheinen allerdings wenig spezifisch zu sein: Sie kennzeichnen vielmehr literarische Werke generell. Allerdings lassen sich auch konkretere und spezifischere Funktionen lyrischer Gedichte namhaft machen (vgl. etwa den Teil: Funktionen der Lyrik in: Hillebrandt u. a. 2021, 115–231) – ganz zu schweigen von den kaum zählbaren individuellen, die allerdings immer nur von Fall zu Fall, von Gedicht zu Gedicht zu ermitteln sind.

2   Funktionen des lyrischen Gedichts

Der grundlegende Akt der Herstellung von lyrischen Gedichten ist, noch vor dem Sprechen und Aussprechen, die Verwandlung von Vorstellungen in Sprache. Sie ist ein Worte-Finden und In-Worte-Fassen, ihre Ordnung zu einer Rede, schließlich ihre Gestaltung zu einem Gedicht, durch die es zu einem Werk der Kunst wird. Jedes einzelne Gedicht verlangt deshalb auch, als das wahrgenommen zu werden – einerlei, welchen künstlerischen Wert man ihm beimisst. Die allgemeinste Funktion der Lyrik ist deshalb die ästhetische.

Das ist zunächst in einem technischen Sinn zu verstehen, wie es vor allem in formalistischen und strukturalistischen Arbeiten üblich ist. Versrede, folgt man ihnen, lenkt durch ihre Gestalt als eine von der Prosa abweichende Gliederung die Aufmerksamkeit auf die äußere Form der Rede, und das macht, nach Jan Mukařovský (vgl. Mukařovský 1967), immer schon ihre ästhetische Funktion aus. Ästhetisch in diesem Sinn wäre also die Wahrnehmung einer Gestalt.

Dies ist aber nur *ein* Verständnis von ästhetischer Funktion. Versrede kann dem Leser eine ästhetische Erfahrung auch noch in einem anderen Sinn bereiten, indem sie, sei es durch ihre Form, sei es durch ihre Sprache, bei ihm Wohlgefallen hervorruft. Nach traditioneller Auffassung besteht dieses Wohlgefallen in der Wahrnehmung von Harmonie und Stimmigkeit. Eine solche Wirkung von Gedichten auf Leser oder Hörer ist so oft bezeugt worden, dass sie nicht umständlich belegt werden muss. Die meisten Leser dürften sie aus eigenem Erleben kennen. Dass sie zu Gedichten greifen, mag nicht zuletzt in dem Wunsch begründet sein, eine solche ästhetische Erfahrung zu machen.

Die ästhetische ist allerdings ebenfalls nur eine weitere allgemeine Funktion von Kunstwerken. Auch sie kann, auf ähnliche oder ganz andere Weise, von allen literarischen Werken, ja von allen Kunstwerken erfüllt werden. Speziellere und zugleich spezifischere Funktionen lyrischer Gedichte lassen sich erst an ihren verschiedenen Typen erkennen. Jeder von ihnen erfüllt zumindest eine. In religiöser Lyrik vergewissert sich ein Sprecher – oder eine Gruppe von Sprechern – seiner Verbindung zu einer Gottheit, in der Liebeslyrik der Beziehung zu einem anderen Menschen. In der Naturlyrik verhandelt er sein Verhältnis zu seiner Umwelt, in der politischen Lyrik das zu seiner gesellschaftlichen Umgebung. Autobiographische Lyrik schließlich hat vor allem eine existenzielle Funktion: In ihr verschafft sich ein Sprecher Klarheit über sein Leben und sein Dasein.

Die Reihe dieser Funktionen ließe sich anhand weiterer Typen lyrischer Gedichte fortsetzen. Es sind, jeweils für sich betrachtet, jedoch speziellere Funktionen, die nicht für Lyrik im Ganzen gelten und jeweils an bestimmte Inhalte gebunden sind. Insofern sind es im strengen Sinn nicht allgemeine Funktionen. Allerdings lassen sie sich vielleicht auf eine allgemeine Funktion beziehen.

Das Gebiet der Lyrik ist wesentlich das Leben des Einzelnen, Leben dabei in einem weiten Sinn sowohl als inneres wie als äußeres verstanden, als individuelles wie als soziales. Die verschiedenen Typen lyrischer Gedichte verdanken sich dem vielgestaltigen Versuch des Einzelnen, sich in der Welt und im Leben zu orientieren: im Verhältnis zu einer Gottheit, im Verhältnis zu seiner natürlichen Umgebung, im Verhältnis zu anderen Menschen, anderen Einzelnen wie einer Gesellschaft, und im Verhältnis zu sich selber.

Man kann dies als verschiedene Aspekte dessen ansehen, was Karl Jaspers „Weltorientierung" und „Existenzerhellung" (Jaspers 1973, 1) genannt hat – wie er sie der Philosophie zugestanden hat. Allerdings ist es nicht schwer zu sehen, auf welche Weise menschliche Existenz auch in der Literatur zur Sprache kommen kann. Der Philosoph kann sie als einzigartige nicht darstellen; er bleibt in seiner Reflexion notwendig allgemein. Was es mit der je individuellen Existenz auf sich hat, ist aussprechbar nur vom Individuum selbst – und zwar besonders von einem, das auch über eine eigene Sprache verfügt, wie es für Dichter gilt. Von den Möglichkeiten, über sich zu sprechen, haben sie auf vielerlei Weise Gebrauch gemacht, und keineswegs erst in neuerer Zeit. In der Lyrik machten und machen sie im (Aus-)Sprechen bewusst: was ein Mensch ist, wie er mit anderen verbunden ist, wie er in der Welt steht – dies allerdings meist nicht allgemein, sondern jeweils konkret und individuell. Das lyrische Gedicht gehört zu dem großen Versuch des Menschen, sein Leben und das Leben zu verstehen, sein Selbst-Sein und sein In-Der-Welt-Sein.

3   Das Beispiel Montale

Das ist mehr als eine theoretische Möglichkeit. Das Werk großer Lyriker – kleinerer ebenso – ist offensichtlich von diesem Versuch der ‚Weltorientierung' und der ‚Existenzerhellung' bestimmt. Das gilt beispielsweise für einen Dichter wie Eugenio Montale, den Literatur-Nobelpreisträger von 1975. Montale war nicht nur, aber überwiegend Lyriker. Seine erzählende Prosa beschränkt sich auf einen Band kurzer Geschichten; einen Roman hat er nicht geschrieben. Als Journalist hat er zahlreiche Rezensionen und Kritiken verfasst, überwiegend Brotarbeiten, die er kaum als Teil des eigenen Werks ansah. Insofern war Montale zwar nicht in einem exklusiven, dennoch emphatischen Sinn Lyriker.

Sein lyrisches Werk besteht aus fünf Bänden, die innerhalb von annähernd fünfzig Jahren zum Teil in großen Abständen veröffentlicht wurden. Hinzu kommt ein posthum erschienener sechster, das *Diario postumo*. Im Ganzen hat Montale gut 1000 Seiten Lyrik hinterlassen: ein Lebenswerk. Naturgedichte, Liebesgedichte, religiöse und politische Gedichte, schließlich autobiographische machen es im Wesentlichen aus.

Die frühen Gedichte, die Montale in dem Band *Ossi di seppia* (*Tintenfischknochen*) von 1925 sammelte, sind zu einem großen Teil Natur-, vor allem Landschaftsgedichte. Die Landschaft, die sie beschreiben, ist die ligurische Küste mit dem ligurischen Meer, die vorzugsweise am Mittag (*Gloria del disteso mezzogiorno*, deutsch: *Glorie des Mittags, weithin ausgebreitet*) in glühender Sonne dargestellt wird. Gedichte wie *Casa sul Mare* (*Haus am Meer*), *Delta*, *Flussi* (*Strömungen*) oder *Incontro* (*Begegnung*) sind dem Gestus nach gegenstandsbezogen: beschreibend, Pflanzen, Steine, Tiere nennend, zwar durchweg aus der Perspektive eines Sprechers, von dem man aber nicht viel erfährt, der kaum „ich" sagt, vielmehr vor allem wahrnimmt und bedenkt. Schon die dingliche und motivische Dichte, erst recht aber die sprachliche verleihen den Versen Montales einen opaken Zug, der im Italienischen als „ermetismo", als Hermetik eingeordnet wurde. Naturgedichte hat er bis zum Schluss geschrieben.

Wäre Montale früh gestorben, hätte man ihn vermutlich als ligurischen Dichter in Erinnerung behalten. Sein Lebensweg führte ihn aber von Genua, wo er geboren wurde, über Florenz, wo er als Bibliothekar, nach Mailand, wo er als Journalist beim *Corriere de la sera* arbeitete. Mit den Ortswechseln zogen neue Konstellationen seine Aufmerksamkeit auf sich.

In Montales zweitem Gedichtband *Le Occasioni* (*Gelegenheiten*) von 1939 kommen zu den Naturgedichten einige an Frauen gerichtete hinzu wie *Carnevale di Gerti* (*Gertis Karneval*), *A Liuba che parte* (*Liuba zur Abreise*) oder *Dora Markus*, unter ihnen sind offenkundig Liebesgedichte wie *Ti libero la fronte dai ghiaccioli* (*Die Stirn befrei' ich dir vom Eise*). Das sprechende Ich ist in ihnen kaum weniger diskret, ja zurückhaltend als in den frühen Naturgedichten. Was es zu sagen hat, oft aus der Erinnerung, wird nur angedeutet, in der Annahme, dass die Angesprochene den Hinweis versteht. Die Situationen, auf die der Sprecher sich bezieht, sind hingegen für einen Außenstehenden kaum zu entschlüsseln, auf eigene Weise gleichfalls verschlossen. Bei manchen Gedichten ist es zudem für den Leser nicht zu erkennen, an welche Frau sie sich richten.

Montales dritter Gedichtband *La Bufera e altro* (*Der Sturmwind und anderes*) von 1956 erweitert sein Repertoire noch einmal, und zwar um politische Gedichte. Schon *Non chiederci la parola che squadri da ogni lato* (*Frage uns nicht nach dem Wort, das unser Gemüt*) aus *Ossi di Seppia* ist als politischer Kommentar gedeutet worden, und zwar aufgrund seiner beiden Schlussverse:

> Codesto solo oggi possiamo dirti,
> ciò che *non* siamo, ciò che *non* vogliamo.
>
> Wir können dich heute dies Einzige lehren:
> was wir *nicht* sind, was wir *nicht* begehren.
> (Montale 1987, 54 und 55)

Die beiden Verse sind als Hinweis auf Montales Ablehnung des Faschismus verstanden worden – wie auch, etwa von Hans Hinterhäuser, „der politische Sinn des Begriffs ‚ermetismo'" als „Kommunikationsverweigerung und als Tarnung im autoritären Polizeistaat" ausgelegt wurde (Hinterhäuser 1990, 71).

In seinen dritten Gedichtband nahm Montale aber dezidiert politische Lyrik auf wie vor allem *Primavera hitleriana* (*Der Hitlerfrühling*) über Hitlers Besuch in Florenz 1938: Verse des Abscheus vor deutschen wie italienischen Faschisten. Der Band endet auch mit einem politischen Gedicht, in Anspielung wohl auf Villons *Testament*, *Piccolo Testamento* (*Kleines Vermächtnis*) genannt, in dem sich der liberale Bürger von dem „chierico rosso, o nero" (Montale 1987, 480), dem roten oder schwarzen Kleriker, distanziert.

Die letzten beiden Gedichtbände Montales, *Satura* von 1971 und *Diario del '70 e del '71* von 1973, stellen die größte Zäsur in seinem Werk dar. Schon in den früheren Gedichtbänden, etwa der Abteilung *Mottetti* von *Le Occasioni*, übte er sich in kurzen, manchmal nur vierzeiligen, meist achtzeiligen, mal gereimten, mal reimlosen Gedichten. In den ersten beiden Abteilungen von *Satura*, *Xenia I* und *Xenia II*, dominieren solche Gedichte, die mitunter nur noch zwei Zeilen nach der Art antiker Epigramme enthalten wie:

> Ascoltare era il solo tuo modo di vedere.
> Il conto del telefono s'è ridotto a ben poco.
>
> Zuhören war deine einzige Art zu sehen.
> Die Telefonrechnung ist auf wenig zusammengeschrumpft.
> (Montale 1976, 20 und 21)

Die nach antikem Vorbild benannten Xenien sind dem Andenken seiner Frau gewidmet, deren Sterben Montale schon in dem Gedicht *Ballata scritta in una clinica* (*Ballade aus einem Krankenhaus*) in *La bufera e altro* beschrieben hatte. Es sind Trauergedichte, deren autobiographischer Charakter deutlich ist – deutlicher als in manchen frühen Gedichten. Seinerzeit hatte Montale nicht viel aus seinem Leben erzählt, sich meist auf Andeutungen beschränkt, die kaum Episoden erkennen ließen. Sie sind nicht zu vergleichen mit detaillierteren späteren Gedichten in *Diario,* etwa der ironischen und vor allem selbstironischen Erinnerung (zur Poetik der Erinnerung vgl. Immer 2023) an die Begegnung mit Hemingway.

In den beiden letzten Gedichtbänden finden sich schließlich auch einige Gedichte mit religiösen Anspielungen, auch sie nicht selten ironisch-distanziert wie etwa

Come Zaccheo

Si tratta di arrampicarsi sul sicomoro
per vedere il Signore se mai passi.
Ahimè, non sono un rampicante ed anche
stando in punta di piedi non l'ho mai visto.

Wie Zachäus

Darum geht es: man muß auf die Sykomore klettern,
will man den Herrn sehen, wenn er jemals vorbeikommt.
Aber ach, ich bin keine Kletterpflanze, und auch
auf Zehenspitzen habe ich ihn nie gesehen.
(Montale 1976, 144 und 145)

Der im Lukasevangelium erwähnte Zöllner Zachäus dient Montale vor allem für einen selbstironischen Vergleich. So deutlich als religiöser Skeptiker hat er sich aber nicht immer geäußert. In den *Mottetti* erwähnt er nicht nur seinen Gott, „il mio Dio" (Montale 1987, 396), sondern auch, dass er ihn sogar sehe (vgl. ebd., 413). Religiöse Themen gibt es in Montales Werk seit den *Ossi di seppia*, allerdings nicht unbedingt christliche: *Antico, sono* (*Uralter du*) ist an den heidnischen Meeresgott gerichtet. Ein religiöses Bekenntnis scheute Montale aber zusehends, und insofern mag er Gedichte zu religiösen Themen geschrieben haben, ohne ein religiöser Dichter im strengen Sinn gewesen zu sein.

Zu den Schwerpunkten seiner Lyrik gehört schließlich auch der Strang poetologischer Gedichte, der in seinen letzten beiden zu Lebzeiten erschienenen Bänden noch einmal stark ist. Auch sie sind durchweg spöttisch, voll Spott auch gegen Kritiker. Im Ganzen sind sie ein Zeichen für die künstlerische Bewusstheit, mit der Montale schrieb: ein sich und das eigene Werk durchgängig reflektierender Dichter, mit einer Neigung zur Gedankenlyrik (vgl. Hinterhäuser 1990, 78).

Montales lyrisches Schreiben ist eine schrittweise Entfaltung lyrischer Möglichkeiten, die sich über ein halbes Jahrhundert erstreckte. Sowohl in formaler wie in thematischer Hinsicht ist es vielfältig. Formal

> unterzieht Montale die überlieferten Strukturen einer ironischen Korrosion, indem er mit vollkommener Willkür verschiedene Verstypen kombiniert, gelegentliche Reime unter Freiverse mischt, die Endreime durch Binnenreime ersetzt, Proparoxytona mit Paroxytona [auf der drittletzten oder vorletzten Silbe betonte Wörter, D.L.] reimen läßt, eine vierversige Strophenform durch eine fünfversige Strophe abschließt und so weiter (ebd., 70).

Montale hat sich nicht auf eine Form festgelegt, sondern viele verschiedene im Wechsel und in der Mischung erprobt und sich dabei einige Freiheiten genommen. Damit einher geht eine ebenso deutliche Ausweitung der Themen. Zur Erkundung der mediterranen Landschaft seiner Herkunft treten nach einer Weile die Reaktionen auf die politischen Umwälzungen seiner Lebenszeit hinzu, vor allem auf die beiden Weltkriege und den Faschismus, aber auch die Nachkriegszeit, den veränderten Umständen entsprechend mit zunehmender Deutlichkeit. Erinnerung an Episoden aus dem eigenen Leben und an Menschen, mit denen er verbunden war, finden sich in allen Werkphasen, in der letzten aber besonders intensiv. Der

Akzent, den Montale dabei setzt, ist nicht zu übersehen: „sein Thema ist" nach Hanno Helbling „die Trennung. Und das Trennende: Raum oder Zeit, Schicksalsfügungen oder Vergänglichkeit, Tod" (Helbling, in: Montale 1987, 8). Neben der Wahrnehmung des Gegenwärtigen ist die Erinnerung an Vergangenes der andere Grundzug seines Werks. Sie ist für das elegische oder melancholische Moment in seiner autobiographischen Lyrik verantwortlich.

Gedichte zu schreiben hatte für Montale eine existenzielle Funktion. Als Dichter versuchte er sich in der Welt zu orientieren, sein Verhältnis zu sich, zu anderen, zumal seinen Nächsten und zum Leben von Fall zu Fall zu klären. Es diente ihm der Durchdringung der eigenen Existenz – weniger allgemein räsonnierend als durchweg konkret registrierend, immer anhand des gelebten Lebens in seiner Kontingenz, dabei gleichwohl auch reflektierend. Mit seinen Gedichten hat Montale sich als Einzelner ohne bindende Weltanschauung unter den Menschen im Leben zurechtzufinden versucht. So kann man seine selbstironischen Zeilen in *Diario* verstehen:

> [...] Tentati di essere
> un uomo e già era troppo
> per me [...].

> [...] Ich versuchte ein Mensch
> zu sein, und schon das war zuviel
> für mich [...].
>   (Montale 1976, 170 und 171)

4 Wozu Lyrik, philosophisch

Mit den Funktionen der Existenzerhellung und Weltorientierung ist der Boden einer nur technischen Theorie verlassen. Funktionen lyrischer Gedichte haben auch philosophische Theorien im Sinn August Wilhelm Schlegels zu beschreiben versucht. Nur drei, die allgemeine Geltung beanspruchen können, sollen noch genannt werden.

Jacob Burckhardt hat in seinen *Weltgeschichtlichen Betrachtungen* von der Offenbarungsfunktion der Poesie gesprochen. Dabei schließt er an einen älteren, nicht sakralen Gebrauch des Begriffs an: als ein Sichtbar-Machen, Zeigen, Kundtun. Die große Leistung der „Poesie" hat er darin gesehen, „Inneres äußerlich machen, darstellen zu können, *so daß* es als ein dargestelltes Inneres, als eine Offenbarung wirkt" (Burckhardt 1970, 158). Die Poesie sei deshalb „in ihrer Gesamtheit die größte zusammenhängende Offenbarung über den innern Menschen überhaupt" (ebd., 161). Das gilt nicht nur für die Lyrik, die im Sinn Hegels Gefühlsaussprache ist, einerlei, ob es sich dabei um die Gefühle des Verfassers oder einer Persona handelt. Das ‚Innere' eines Menschen, sein ganzes inneres Leben, ist auf seine Emotionalität nicht zu reduzieren. Auch was er denkt oder sich vorstellt, gehört dazu. Alles, was er in Worte fasst, ist mittelbar oder unmittelbar ein Äußern von Innerem, das sich literarisch oder poetisch seinen Weg in die Welt sucht.

Robert Musil hat den Gedanken, dass Lyrik ‚Offenbarung des inneren Menschen' sei, in gewisser Hinsicht aufgegriffen, ihm aber eine andere Wendung gegeben, die den Schriftsteller verrät. In seiner *Skizze der Erkenntnis des Dichters* hat er versucht, das „Heimatgebiet des Dichters, das Herrschaftsgebiet seiner Vernunft" zu bestimmen:

> Die Aufgabe ist: immer neue Lösungen, Zusammenhänge, Konstellationen, Variable zu entdecken, Prototypen von Geschehensabläufen hinzustellen, lockende Vorbilder, wie man Mensch sein kann, den inneren Menschen *erfinden*. (Musil 1983b, 1029)

Wie „man Mensch sein kann", mag grundsätzlich alle Literatur vermitteln können. Den „inneren Menschen *erfinden*", mag allerdings besonders für lyrische Gedichte gelten. Erfunden wird der Mensch, in der Logik Musils, durch die Sprache: eine poetische Sprache, die nicht nur bereits existente Vorstellungen oder Gedanken mitteilt, sondern überhaupt erst Worte findet. Der Mensch drückt sich Musil zufolge in lyrischen Gedichten nicht aus – er schafft sich, lyrisch sprechend, als denkendes und fühlendes Wesen erst in ihnen. Jedes Gedicht erweitert dadurch den Bereich des Menschlichen, und zwar des menschlichen Sprechens, Fühlens, Denkens und Vorstellens. So schafft es Humanität.

In diesem Sinn hat Musil unterschieden zwischen Gedichten, „die auch ohne sie erreichbare Dinge heben, überhöhen", und solchen, die manches erst erreichbar machen:

> Dinge, die sich nicht anders als in Versen aussprechen lassen, wären also Dinge, die sich überhaupt nicht recht aussprechen lassen, die in Wahrheit gar nicht unser Besitz, gar nicht da sind und von denen wir in der Ekstase eine Illusion in uns erregen. (Gedichte sind eine domestizierte Form ekstatischer Zustände.) (Musil 1983a, 868)

Was sich „nicht anders als in Versen aussprechen" lässt, ist erst mit ihnen da. Insofern mögen die Worte in Gedichten erfinden, wovon sie sprechen. Offen bleibt aber, was es ist, das sich nur in Versen sagen lässt. Ist es allgemein bestimmbar, oder ist es, wie jedes Gedicht, nur individuell?

Zu der zweiten Möglichkeit tendiert offenbar der russisch-amerikanische Dichter Joseph Brodsky. 1940 in Leningrad geboren, 1972 nach einem Gefängnisaufenthalt ausgebürgert und in die USA ausgewandert, gehörte er zu den am höchsten ausgezeichneten Lyrikern seiner Zeit. 1987 erhielt er, vergleichsweise früh im Leben, den Nobelpreis für Literatur – und doch auch vergleichsweise spät: Er lebte danach keine zehn Jahre mehr. 1996 starb er in New York.

In seiner Nobelpreisrede, einer der bemerkensweteren ihrer Art, die ihn als glänzenden Essayisten ausweist, versuchte Brodsky darzulegen, wozu Lyrik da ist. Die Schlüsselwörter seiner Poetik mögen zunächst Vorbehalte wecken, vor allem „Privatheit" und „Individualität". Brodskys Hauptgedanke steckt in zwei Sätzen:

> Wenn die Kunst den Künstler – in erster Linie – überhaupt etwas lehrt, dann ist es die Privatheit der menschlichen Existenz. Als älteste Form der Privatinitiative fördert sie in jedem Menschen, wissentlich oder unwissentlich, das Bewußtsein seiner Einzigartigkeit, seiner Individualität und Einsamkeit (Brodsky 1998, 9).

Brodsky begreift die Individualität des lyrischen Gedichts als Ausdruck der Individualität seines Autors. Das ist kein neuer Gedanke. Schon Max Kommerell ist ihm in seinem Essay *Vom Wesen des lyrischen Gedichts* nachgegangen. Das „dichterische Individuum" ist für ihn „in der Lyrik nicht die Sache selbst, aber die unerläßliche Bedingung" (Kommerell 1943, 42). Auch er hat es in einem emphatischen Sinn verstanden: als das

> Sich-Aussetzen, jene Abseitigkeit, jenes Fühlen und Erfahren auf eigene Hand, das sich der sichernden Gewohnheit begibt, und dann die Fähigkeit jenes ersten Sprechens, die nur erlangen kann, wer sich durch keine Façon und keine Auskunft über die die Einmaligkeit seines Lebens hinweglügt (Kommerell, 42).

Auch Brodsky stellt eine solche Verbindung zwischen der Individualität des Gedichts und der seines Dichters her. Er versteht die Individualität des Gedichts ähnlich als Appell: Lyrische Gedichte, weil sie einmalig sind, ermahnen uns, es auch zu sein. Sie erinnern uns an unsere Einzigartigkeit. Das macht für Brodsky ihre existenzielle Relevanz aus (vgl. auch Lamping 2014, 19–25).

Dabei spielt es natürlich eine Rolle, dass lyrische Gedichte dem Leser zunächst die Individualität von Lyrikern, zumal solchen im emphatischen Sinn vor Augen führen. Auch darin ist Brodsky gedanklich Kommerell nahe, der knapp festgestellt hat: „die Gesamtheit der Gedichte vereint sich zum Zeugnis, das dieser Mensch [d.i. der Verfasser, D.L.] von sich selber gibt" (Kommerell 1943, 45). Viele Gedichte seien „Spuren einer großen Existenz" (ebd., 49). Auch das ist, der Begrifflichkeit zum Trotz, kein neuer Gedanke. Schon Hegel hat das gezeigt, und zwar für Goethe, „der in der Mannigfaltigkeit seines reichen Lebens sich immer dichtend verhielt":

> Auch hierin gehört er zu den ausgezeichnetsten Menschen. Selten läßt sich ein Individuum finden, dessen Interesse so nach allen und jeden Seiten hin tätig war, und doch lebte er dieser unendlichen Ausbreitung ungeachtet durchweg in *sich*, und was ihn berührte, verwandelte er in poetische Anschauung. Sein Leben nach außen, die Eigentümlichkeit seines im Täglichen eher verschlossenen als offenen Herzens, seine wissenschaftlichen Richtungen und Ergebnisse andauernder Forschung, die Erfahrungssätze seines durchgebildeten praktischen Sinns, seine ethischen Maximen, die Eindrücke, welche die mannigfach sich durchkreuzenden Erscheinungen der Zeit auf ihn machten, die Resultate, die er sich daraus zog, die sprudelnde Lust und der Mut der Jugend, die gebildete Kraft und innere Schönheit seiner Mannesjahre, die umfassende frohe Weisheit seines Alters – alles ward bei ihm zum lyrischen Erguß, in welchem er ebenso das leichteste Anspielen an die Empfindung als die härtesten schmerzlichen Konflikte des Geistes aussprach und sich durch dieses Aussprechen davon befreite. (Hegel 1986, 442)

Hegels Goethe ist der lyrische Dichter als vollständiger Mensch, als zugleich exzeptionelle und exemplarische Individualität. Das sind große, manchen metaphysisch anmutende Worte, die man heute scheut. In ihrem empirischen Kern sind sie gleichwohl bedenkenswert.

5 Aussichten

Die Ideen von Burckhardt, Musil und Brodsky verdanken sich verschiedener Perspektiven: der des Lesers bei Burckhardt, der des Autors bei Musil und Brodsky. Insofern könnte man ihnen vorhalten, dass sie jeweils nicht das Ganze der Lyrik im Blick haben und eher *pro domo* gesprochen sind. Sie sind auch alle nicht bis ins Letzte entfaltet und bedienen sich, mal mehr, mal weniger, einiger Zuspitzungen. Vor allem Brodsky verbindet seine Überlegungen mit ebenso weitreichenden wie überraschenden und witzigen Schlussfolgerungen.

Gleichwohl schließen alle drei in ihren Überlegungen an wesentliche Aspekte der Lyrik an: Burckhardt an ihren sprachlichen, Musil an ihren schöpferischen, Brodsky an ihren individuellen Charakter. Ihre Gedanken ließen sich, etwas anders akzentuiert, umformulieren:

Lyrische Gedichte machen den inneren Menschen, direkt oder indirekt, sichtbar, erweitern in der Sprache die Möglichkeiten des Humanen und erinnern an den Wert der Individualität, und zwar künstlerisch, auf das Werk, existenziell, auf die einzelne Lebensgestaltung bezogen. Jedes kann für sich stehen und doch auch ‚Spuren einer Existenz' sein.

Diese thesenhaft zugespitzten Überlegungen, theoretisch wie praktisch, im Hinblick auf ihre Geltung zu prüfen, wäre eine lohnende Aufgabe einer philosophischen Theorie des lyrischen Gedichts.

Literatur

Textausgaben

Joseph Brodsky: Das Volk muß die Sprache der Dichter sprechen. Rede bei der Entgegennahme des Nobelpreises für Literatur. In: Ders.: Flucht aus Byzanz. München, Wien 1998, S. 7–20.
Jacob Burckhardt: Weltgeschichtliche Betrachtungen. Über geschichtliches Studium. In: Ders.: Werke. Band IV. Darmstadt 1970.
Hilde Domin: Wozu Lyrik heute. Dichtung und Leser in der gesteuerten Gesellschaft. Neuausgabe München 1975.
Eugenio Montale: Satura/Diario. Aus den späten Zyklen. Italienisch/Deutsch. Übertragung und Nachwort von Michael Marschall von Bieberstein. München, Zürich 1976.
Eugenio Montale: Gedichte 1920–1954. Italienisch/Deutsch. Übertragen von Hanno Helbling. München, Wien 1987.
Robert Musil: Prosa und Stücke. Kleine Prosa. Aphorismen. Autobiographisches. Hg. von Adolf Frisé. Reinbek bei Hamburg 1983a.
Robert Musil: Essays und Reden. Kritik. Hg. von Adolf Frisé. Reinbek bei Hamburg 1983b.

Forschungsliteratur

Georg Wilhelm Friedrich Hegel: Werke in 20 Bänden. Auf der Grundlage der Werke von 1832–1845 neu edierte Ausgabe. Redaktion Eva Moldenhauer und Karl Markus Michel. Band 15: Vorlesungen über die Ästhetik 3. Frankfurt a. M. 1986.

Hans Hinterhäuser: Italienische Lyrik im 20. Jahrhundert. Essays. München, Zürich 1990.
Claudia Hillebrandt u. a. (Hg.): Grundfragen der Lyrikologie. Band 2: Begriffe, Methoden und Analysedimensionen. Berlin, Boston 2021.
Nicolas Immer: Mnemopoetik. Formen und Figurationen von Erinnerung in der deutschsprachigen Lyrik der ersten Hälfte des 19. Jahrhunderts. Stuttgart 2023.
Karl Jaspers: Philosophie II: Existenzerhellung. Vierte, unveränderte Auflage. Berlin, Heidelberg, New York 1973.
Max Kommerell: Gedanken über Gedichte. Frankfurt a. M. 1943.
Dieter Lamping: Der Nobelpreis für Lyrik. Glossen über Gedichte. Marburg 2014.
Jan Mukařovský: Die poetische Benennung und die ästhetische Funktion der Sprache. In: Ders.: Kapitel aus der Poetik. Aus dem Tschechischen von Walter Schamschula. Frankfurt a. M. 1967, S. 44–54.
Rüdiger Zymner: Funktionen der Lyrik. Münster 2013.

Zusammenfassung: Die Theorie des lyrischen Gedichts

12

Die Theorie des lyrischen Gedichts dient der Bestimmung und Beschreibung der Gattung. Sie ist eine überwiegend technische Theorie, die zuerst an Formen, Typen und Funktionen interessiert, dabei deskriptiv und empirisch ist. Ihre Grundannahme besagt, dass es nur zwei Formen und drei Strukturen poetischer Rede gibt: Vers und Prosa einerseits; Wechselrede, vermittelnde Rede und Einzelrede andererseits. Das lyrische Gedicht bestimmt sie als Einzelrede in Versen; Einzelrede dabei verstanden als einzelne Äußerung eines Sprechers oder einer Gruppe von Sprechern; Vers verstanden als eigengesetzliche rhythmische Gliederung der Rede.

Die Definition ist angelegt als eine Minimaldefinition. Sie hält lediglich die Merkmale fest, die zusammen den kleinsten gemeinsamen Nenner der Gattung bilden. Sie ermöglicht die unkomplizierte Bestimmung lyrischer Gedichte und ihre Unterscheidung, zum einen von epischen und dramatischen, dann aber auch von verwandten Gebilden etwa der Visuellen und der Phonetischen Poesie.

Die Definition ist zugleich die Grundlage einer Beschreibung des lyrischen Gedichts. Sein monologischer Charakter schließt sprachliche Vielfalt und eine Vielfalt der Bezüge ein. Lyrische Gedichte sind grammatisch und stilistisch divers und können sprecher-, adressaten-, situations- oder gegenstandsbezogen sein. In ihnen können die verschiedensten Vers- und Gedichtformen Verwendung finden. Als einzelne Äußerungen können sie unterschiedliche Grade von Komplexität aufweisen.

Lyrik im Sinn der Definition ist durch unterschiedliche Sprecherverhältnisse gekennzeichnet. In ihr spricht der Verfasser als Dichter – sei es im eigenen Namen, sei es im Namen anderer realer Personen oder im Namen erfundener Figuren. Lyrische Gedichte können schließlich sowohl faktual wie fiktional sein, fiktional durch fiktive Gegenstände, fiktionale Aussagen, fiktive Sprecher und fiktive Sprechsituationen.

Lyrische Gedichte haben die unterschiedlichsten Themen, die in historischen Typen wie der religiösen Lyrik, der Liebeslyrik, der Naturlyrik, der politischen Lyrik und der autobiographischen Lyrik manifest sind. Schließlich kann Lyrik verschiedene allgemeine und speziellere Funktionen erfüllen, von denen die ästhetische Funktion, die Weltorientierung und die Existenzerhellung hervorzuheben sind.

Die Theorie macht das lyrische Gedicht als eine komplexe Gattung kenntlich. Sie ist dies zunächst in hermeneutischer Hinsicht. Zu der Semantik der Worte kommt auch im lyrischen Gedicht die Semantik der Form hinzu. Die Verbindung von Redestruktur und Gedichtform schafft eine Bedeutungsdichte, die Prosa-Rede in der Regel fehlt.

Die Lyrik ist aber auch komplex durch ihre Pluralität. Sie zeigt sich, im Ganzen der Gattung, als Redevielfalt und formale Vielfalt, als Vielfalt der Sprecherverhältnisse und Referenzen, der Themen und Funktionen. In der Konsequenz bedeutet dies: *Das* lyrische Gedicht gibt es nicht – es gibt nur viele verschiedene Arten von lyrischen Gedichten. Die Pluralität der Lyrik ist das Ergebnis einer langen Geschichte, die Jahrtausende umfasst und im Ganzen durch Wandel bestimmt ist (vgl. Lamping 2019, 37). Veränderung und Erweiterung poetischer Ausdrucksformen kennzeichnen sie gleichermaßen.

Die Pluralität lyrischer Dichtung ist Ausdruck poetischer Freiheit. Lyrik ist nicht nur im Ganzen weitgehend ungebunden. Ihr Drang nach Freiheit ist spätestens in der Moderne offensichtlich geworden: als Versuch der Befreiung von allen Bindungen, die die poetische Tradition bereithielt.

Das lyrische Gedicht stellt eine Grundmöglichkeit literarischer Rede und künstlerischer Gestaltung dar.

Literatur

Dieter Lamping: Eine Theorie des lyrischen Gedichts. In: *Recherches germaniques* 14 (2019), S. 31–37.

Kleine kommentierte Bibliographie 13

Zur neueren Lyrik-Forschung gehört eine Reihe von nützlichen und anregenden Spezialunteruntersuchungen, die im Rahmen einer Einführung nicht alle zu berücksichtigen sind. Nützlicher mag es sein, auf ausgewählte Arbeiten hinzuweisen, die jeweils einen größeren Überblick geben.

Im weitesten Sinn verstandene ‚Theorien' – zumeist Poetiken und ästhetische Philosophien – der deutschen Literatur sammelt der von Ludwig Völker herausgegebene Band: *Lyriktheorie. Texte vom Barock bis zur Gegenwart* (Stuttgart 1990), der mit Martin Opitz einsetzt.

Über die ältere wissenschaftliche Forschung der Nachkriegszeit informiert der von Reinhold Grimm herausgegebene Band: *Zur Lyrik-Diskussion* (Darmstadt 1966).

Lange Zeit war es üblich, dass sich die Lyrik-Theorie an klassischen Texten orientierte. Mittlerweile hat die moderne Lyrik diesen Platz eingenommen, nicht zuletzt, weil sie durch ihre Experimentierfreude den überkommenen Begriff von Lyrik erweitert hat. Eine umfassende Theorie des lyrischen Gedichts kann an ihr nicht vorbeigehen.

Hugo Friedrichs 1956 zuerst erschienene Monographie *Die Struktur der modernen Lyrik. Von der Mitte des neunzehnten bis zur Mitte des zwanzigsten Jahrhunderts. Erweiterte Neuausgabe* (Hamburg 1967) bezeichnete lange, innerhalb wie außerhalb der Literaturwissenschaft, den Stand der Kenntnisse und des Verständnisses von moderner Lyrik. Das Buch ist vor allem den drei französischen Begründern der modernen Lyrik gewidmet: Baudelaire, Rimbaud und Mallarmé und gibt, im zweiten, ungleich knapperen Teil, auch einen Überblick über „Europäische Lyrik im 20. Jahrhundert". In einem Anhang, der „Gedichte des 20. Jahrhunderts mit Übersetzungen" überschrieben ist, finden sich dann 17 Gedichte, vier französische, sechs spanische, drei italienische, drei deutsche und ein englisches. Die Auswahl ist bezeichnend: Moderne Lyrik ist für Friedrich im Kern eine zuerst französische, dann romanische Angelegenheit, die nur gelegentlich auf die englisch- und die deutschsprachige Literatur ausgestrahlt hat.

Einen anderen, komparatistisch überzeugenderen Ansatz, der der Pluralität moderner Lyrik gerechter wird als der Hugo Friedrichs, hat der deutsch-englische Dichter und Gelehrte Michael Hamburger gewählt, und zwar in seinem Buch: *The Truth of Poetry*, deutsch: *Wahrheit und Poesie. Spannungen in der modernen Lyrik von Baudelaire bis zur Gegenwart* (übersetzt von Hermann Fischer, Frankfurt a. M. u. a. 1985). Hamburger betont die Verschiedenartigkeit moderner Lyrik und ihr großes nicht zuletzt thematisches Spektrum weit über die französische Literatur des 19. Jahrhunderts hinaus bis in seine Zeit.

Die beste Einführung in die moderne Lyrik stellt noch immer Hans Magnus Enzensbergers *Museum der modernen Poesie* (Frankfurt a. M. 1960) dar, eine der großen Anthologien des 20. Jahrhunderts. Sie ist des öfteren wiederaufgelegt worden. 2002 erschien sie wieder in der vielsprachigen Ausgabe. Enzensberger hat seine Anthologie vor allem nach Themen und Gattungen komponiert. Sie stellt nicht nur eine beeindruckende Vermittlungsleistung dar, sondern ist auch selbst ein Kunstwerk. Auf das Verständnis von moderner Lyrik hierzulande hat sie, aus dem einen wie aus dem anderen Grund, nachhaltig gewirkt. Im *Museum* kann man auch einen Gegenentwurf zu Friedrichs erfolgreichem Buch sehen. Enzensberger hat annähernd einhundert Autoren aufgenommen – aus der europäischen ebenso wie aus der nord- und südamerikanischen Literatur. Dabei schließt sein literarisches Europa nicht nur den Westen und den Süden, sondern auch den Osten und den Norden ein. Viele von den Autoren, die Enzensberger berücksichtigt hat, finden bei Friedrich gar keine Erwähnung. Er hat auch die weite Verbreitung lyrischer Modernität gekennzeichnet, die tatsächlich nicht europäisch, sondern global ist.

Eine Fortführung des *Museums* hat 1991 Harald Hartung versucht: *Luftfracht. Internationale Poesie 1940–1990* (Frankfurt a. M. 1991).

Von Enzensbergers Erweiterung des Begriffs der modernen Lyrik hat schon fünf Jahre später Walter Höllerer in seiner poetologischen Anthologie *Theorie der modernen Lyrik. Dokumente zur Poetik I* (Reinbek bei Hamburg 1965) profitiert. Höllerer hat poetologische Texte vor allem, aber nicht ausschließlich der Moderne gesammelt, angefangen bei Samuel Taylor Coleridge bis zu Tadeusz Różewicz. Die Sammlung hat ihren Wert nicht nur als eine Vor-(und Neben-)Geschichte der wissenschaftlichen Lyrik-Theorie, sondern auch als Dokumentation des Nachdenkens bedeutender Lyriker über ihr Werk und die Gattung, zu der es jeweils gehört. Höllerers Werk haben Norbert Miller und Harald Hartung 2003 unter dem alten Titel in zwei Bänden neu herausgegeben und erweitert.

Eine bis heute reichhaltige und schon darum nützliche Anthologie deutscher Lyrik ist *Das große deutsche Gedichtbuch. Von 1500 bis zur Gegenwart* (neu herausgegeben und aktualisiert von Karl Otto Conrady, München, Zürich 1991).

Eine der wenigen international ausgerichteten Lyrik-Anthologien, gleichfalls chronologisch geordnet, ist: *Lyrik des Abendlandes. Von den Griechen bis zur Gegenwart* (herausgegeben von Simone Frieling, Köln 2009).

Einen historischen Abriss der deutschen Lyrik hat Dieter Burdorf vorgelegt: *Geschichte der deutschen Lyrik. Einführung und Interpretationen* (Heidelberg, Berlin 2. Auflage 2023).

Weiter ausgreift dagegen Rüdiger Zymner: *Eine Globalgeschichte der Lyrik. Band 1: Lyrik zwischen 2500 v. u. Z. und 1500 u. Z., Band 2: Lyrik zwischen 1500 und 1800* (Paderborn 2023). Der dritte Band ist der Zeit von 1800 bis ins 21. Jahrhundert gewidmet. Dieses singuläre Unternehmen versteht sich als „Geschichte der Lyrik der Welt, der Lyrik aller (historischen) Zeiten und Kulturen", beschränkt sich allerdings, nach Zymners eigener Systematik, auf „nur einen Typus von lyrischem Sprachzeichengebilde, nämlich demjenigen der graphischen Manifestation" (I, XXXIII).

Einen Überblick über den Stand der Lyrik-Forschung bietet das *Handbuch Lyrik. Theorie, Analyse, Geschichte* (Stuttgart, 2. Aufl. 2016), mit mehr als 40 Original-Beiträgen.

Der Lyrik-Forschung gewidmet ist die Buchreihe *Lyrik-Forschung. Neue Arbeiten zur Theorie und Geschichte der Lyrik* (herausgegeben von Frieder von Ammon, Ricarda Bauschke-Hartung, Anna Fattori, Dieter Lamping und Henrieke Stahl, Stuttgart 2021 ff.).

Eine neugegründete Zeitschrift für Lyrik-Forschung ist *Poema. Jahrbuch für Lyrikforschung* (herausgegeben von Claudia Hillebrandt, Sonja Klimek, Fabian Lampart und Ralph Müller), deren erstes Heft 2023 in Kiel erschienen ist.

Nachbemerkung

Diese Einführung ist entstanden aus der theoretischen und historischen Beschäftigung mit Lyrik seit den 80er Jahren des vorigen Jahrhunderts. Es schließt vor allem in den ersten Kapiteln ausdrücklich an mein zuerst 1989 erschienenes Buch *Das lyrische Gedicht* an. Die dort ausführlicher entwickelte Theorie der Lyrik ist für die Zwecke dieses Bandes überdacht und überarbeitet, dabei differenziert, auch korrigiert, teils gekürzt, teils erweitert und ergänzt worden. Ihre oft zitierten Grundannahmen und Grundbegriffe wurden allerdings weitgehend übernommen, auch einige Formulierungen, die weiter bestehen können. Ähnliches gilt für andere, meist spätere Veröffentlichungen, die in dieses Buch eingegangen sind. Auf sie wird gleichfalls jeweils hingewiesen. Diese Einführung stellt somit auch den Versuch dar, eigene Arbeiten zur Lyriktheorie aufzunehmen, sie fortzuschreiben und in einer handlichen Darstellung zu bündeln.

Ich danke den Hörern meiner Lyrik-Vorlesungen für manche Anregung, meinen Lesern, zumal den kritischen für die Ermunterung zur Nachbesserung, dem Metzler Verlag, zumal Dr. Ferdinand Pöhlmann, für Rat, Genauigkeit und Geduld.

Mainz, im Februar 2024

If you have any concerns about our products,
you can contact us on
ProductSafety@springernature.com

In case Publisher is established outside the EU,
the EU authorized representative is:
**Springer Nature Customer Service Center GmbH
Europaplatz 3, 69115 Heidelberg, Germany**

Printed by Libri Plureos GmbH
in Hamburg, Germany